Eugen Funcken

Gedichte zum Besten eines deutschen Waisen-Hauses in

Ober-Canada

Eugen Funcken

Gedichte zum Besten eines deutschen Waisen-Hauses in Ober-Canada

ISBN/EAN: 9783743642737

Hergestellt in Europa, USA, Kanada, Australien, Japan

Cover: Foto ©ninafisch / pixelio.de

Weitere Bücher finden Sie auf **www.hansebooks.com**

Gedichte

von

Pater Eugen Funcken,

Apostol. Missionär in Ober-Canada.

Zum Besten

eines deutschen Waisen-Hauses

in

Ober-Canada.

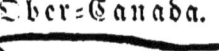

Einsiedeln, New-York und Cincinnati O. 1868.

Druck und Commissions-Verlag

von Gebr. Karl und Nikolaus Benziger.

Sangesweisen.

Liederborn.

Unerschöpflich wie die ew'ge Wahrheit
Ist der Quell der heil'gen Poesie,
Fließt noch in des Himmels ew'ger
       Klarheit
Fort in ewig neuer Melodie.

Nur gesungen! Millionen Sänge
Schöpfen nicht des Sanges Bronnen leer;
Vor Dir tönten Millionen Klänge,
Nach Dir singt ein unermeßlich Heer.

In dem Himmel singen Millionen
Engel ewig einen neuen Sang,
Und von Heiligen aus allen Zonen
Tönet ewig neuer Harfenklang.

Nur geschöpft aus diesem heil'gen Bronnen,
Nur gesungen, was dein Herz vermag,
Bis des Lebens Sanduhr ist verronnen,
Schlägt des Herzens letzter Pendelschlag.

Bis Du singst in jenen sel'gen Hallen,
Ewig folgend deinem ew'gen Ruf,
Mit den Engeln und den Heil'gen allen
Ewig dem, der Dich zum Sänger schuf.

Unerschöpflich wie die ew'ge Wahrheit
Ist der Quell der heil'gen Poesie,
Fließt noch in des Himmels ew'ger Klarheit
Fort in ewig neuer Melodie. —

Vogelfang.
1853.

Ein düstrer Wald, das war mein Herz,
Mein Schicksal Nacht und Grausen;
Drinn mocht die Nachtigall, der Schmerz,
Mit ihren Liedern hausen.

Seit Morgenlicht die Seele hellt,
Verhallten ihre Klänge;
Mein Herz, ein junges Frühlingsfeld,
Beleben Lerchensänge. —

Auferstehung.
1853.

Wie glänzt so hold das Morgenlicht
Vom Himmelsdom herab!
Der Irrwisch gaukelt länger nicht
Auf Sumpf und Modergrab.

Ein Jüngling eilt, die Seele hell
Vom lichten Gnadenstrahl,
Zum Liebesborn, zum Lebensquell,
Zum heil'gen Ostermahl.

O, da zerfließt der starre Schmerz
An warmer Freundesbrust;
Da tränkt, da sättigt er sein Herz,
Und schwelgt in Wonnelust.

Die Harfe rauscht Triumphgesang
Dem, der den Tod besiegt,
Der sich aus düsterm Grabe schwang,
Der ihm am Busen liegt.

Die Sonne strahlt ihr golden Licht
Auf's Jüngling's Aug' so hold;
Der Irrwisch gaukelt länger nicht
In seinem Saitengold.

Gebetsweiſen.

1853.

Blümlein auf grüner Au
Streut Gott im ſtillen Duft;
Vöglein im Himmelsblau
Singt Ihm laut in der Luft.

Ehr' ich Gott ſtill im Geiſt,
Bin ich ein Blümlein hold;
Wenn Ihn mein Liedchen preist,
Bring' ich Ihm Vögleinſold.

Gott! wie ſo reich bin ich,
Daß ich als Blümlein und
Vöglein kann preiſen Dich,
Mit Herz und Mund! —

Kleinere Gedichte.

Himmelsfreuden.

1854.

Ein stilles Thal, mit Blumen geschmückt,
Drauf mild und freundlich der Himmel
blickt;

Ein Silberbächlein, vom Lichte bestrahlt,
Worin der heitere Himmel sich malt;

Und da das Herz vom Himmel erhellt,
O Himmel, ich gäb' es nicht um die Welt! —

————

Herz ohne Jesus.

Ein Herz, das sich von Jesus trennt,
Das ist ein Fisch im Ufersand,
Ein dürrer Zweig, den man verbrennt,
Ein ausgedörrtes Haideland;

Ein faules Wasser ohne Quell,
Drinn Würmer nur und Ungethier,
Das ist ein Schauerbild der Höll';
O Jesus, Jesus, bleib' bei mir! —

———

Seufzer im Leiden.

Ha, daß mein Herz eine Rose wär,
So recht vor Liebe zu glühen!
Von Dornen umschlungen würd's so sehr
Wie die Blumenfürstin blühen!

O gib mir Liebe, Du Rosenherz,
Das, ganz von Dornen umwunden,
Am Kreuz den bittersten Mutterschmerz
Vor brennender Lieb überwunden!

Das Kirchlein.

Mein Herz ein stilles Kirchlein ist;
Drinn thront der Heiland Jesus Christ.

Oft ruft Er mich, dann tön'ts so traut:
Komm, komm, komm, komm, geliebte Braut!

Und wie's dann drinn so heimlich geht,
Kommt, kommt, kommt, kommt, kommt, kommt,
und seht!

Versuchung.

Wenn der böse Geist der Hölle
Nichts vermag gen eine Seele,
Wirft er Dornen ihr in's Herz,
Die sie ganz gewaltig stechen,
Daß vor bitterm Seelenschmerz,
Thränen aus dem Auge brechen.

Doch die Seel, mit Gott verbunden,
Zieht die Dornen aus den Wunden,
Wirft sie Satan in's Gesicht,
Daß er schmachbedeckt muß weichen,
Während Gott die Krone flicht,
Sie der treuen Braut zu reichen.

Bächlein.

Bächlein bleibt sich immer gleich,
Schlängelt sich durch Moos und Stein
Lustig stets in seinen Teich;
Möcht' so gern' wie Bächlein sein!

Eilte dann durch Wohl und Weh'
Immer fröhlich, still und hehr
In den klaren Gottessee!
O, daß ich wie Bächlein wär'!

Mahnung.

Wenn ich vom stillen Kämmerlein
Muß Morgens in die Welt hinein,
Dann heben die Blümlein die Köpfchen empor,
Und rufen mir alle so laut in's Ohr:
„Lieb Brüderlein, in dem Getümmel
Denk' stets an Gott und den Himmel!"

Und kehr' ich Abends dann nach Haus,
Das Ohr noch voll vom Weltgesaus,
Da blinzeln die Sternlein in süßer Ruh',
Und rufen mir alle so freundlich zu:
„Lieb Brüderlein, nach dem Getümmel
Denk' ruhig an Gott und den Himmel!"

Communion.

Zweifach Blut, gemischt in einem Glase,
Trennt der Teufel nicht, wie sehr er rase.
Christi Blut vereint mit deinem Blute
Zu dem Herzen, daß ein gleiches Leben,
Eine gleiche Liebe darin fluthe,
Wird dir Kraft gen alle Teufel geben.

An mein Brüderlein in der Ferne.

Was weinst du, liebes Brüderlein,
Als könnt'st du mich nicht seh'n?
Ach, immer kannst du bei mir sein,
Brauchst drum nicht weit zu geh'n!

Im nächsten Kirchlein ein'ge dich
Mit unserm lieben Herrn:
Da findest, Brüderlein, du mich;
O sprich, ist das so fern?

Schicksals-Wechsel.

Laßt uns preisen Gottes Schickung!
Er hat Alles wohlgemacht:
Daß die Felder Früchte bringen,
Gibt Er Regen, Sonnenpracht;

Gibt, daß Tugendblüthen sprossen,
Menschenherzen Freud und Leid,
Und der Kirche, daß sie blühe,
Friede bald, bald Kampf und Streit.

Mannheit.

Was sprecht ihr stets von Männern,
Da wir doch keine haben?
Denn was man Männer nennet,
Sind nichts als große Knaben,
Und ihre Thaten sind nur
Erwachs'ner Kinder Spiele.
Zum Manne reift man langsam
Bis zu des Lebens Ziele,
Und wird erst dann zum Manne
Dort in der heil'gen Welt,
Wo jedes Kind mehr Mann ist,
Als hier der größte Held.

———

Der Eichbaum und die Fichte.

Ach, seufzt' der Eichbaum, als mit rauhen
Mienen
Großvater Winter's Laub vom Haupt ihm
schüttelt',
Wär' ich ein Fichtenbaum, dann blieb' ich
grünen,
So stark der Alte gleich die Zweige rüttelt'.

Und Frühling ward's; ach, seufzt die alte
Fichte,
Wär' ich ein Eichbaum, kriegt' ich neue Blätter,
Nun aber bleibt mir armen altem Wichte
Das Werktagskleid auch bei dem Festtagswetter.

Da sang ein Vöglein zwischen Laub und Tan-
geln:
Preist Gott zumal, ihr Blätter und ihr Nadeln,
Soweit der Erdball kreist um seine Angeln,
Ist nichts an Gottes Vaterwerk zu tadeln.

Stiefmütterchen.

So oft ich in den Garten geh',
Ein Blümlein ich stets blühen seh';
Wenn andre Blumen längst verdorrt,
Stiefmütterlein blüht freundlich fort.

Im Winter gar, wenn's einmal thaut,
Es noch so treu in's Aug' mir schaut;
Es ist wahrhaftig eine Lust,
Vor Freude drück ich's an die Brust.

Und doch ist dieses Blümlein treu
Verachtet, weil's nicht schöner sei;
So macht's die undankbare Welt:
Sie liebt nur, was in's Auge fällt.

Einem deutschen Brautpaare.

Der Eichbaum trägt mit treuem Sinn
Den schwachen Epheu himmelwärts
— Ein Bild der alten deutschen Minn' —
So sei des deutschen Mannes Herz!

Und liebend schmiegt der Epheu sich
An seinen biedern Eichbaum grau;
Und grünt, wenn schon das Laub ihm wich,
Noch treu; so sei die deutsche Frau!

Und deutsche Frau und deutscher Mann,
Dem Eichbaum und dem Epheu gleich,
Sie sollen streben himmelan,
Hinauf, hinauf in's Himmelreich!

Glaube.

Der Glaub' an Gott und was er spricht,
Ist dir ein schönes Sonnenlicht,
Das deines Geistes Aug' erhellt,
Verklärt das Düster dieser Welt.

Doch will dein Auge Gott erspäh'n,
Und sein tiefinnerst Wesen seh'n,
Dann wird's geblendet von der Pracht,
Und Gott und Weltall schwimmt in Nacht.

Drum hat wohl mancher große Mann,
Der über Gott und Glauben sann,
Verloren seines Geistes Strahl,
Und tappt umher im dunkeln Thal.

Geistesdürre.

Wie's zärtlich guter Mütter Brauch,
Macht's unser lieber Heiland auch;
Er thut wie einer, welcher flieht,
Doch stets auf dich Er lugt und sieht,
Und will nur, daß du rufst und laufst,
Und seine Lieb durch Müh' erkaufst;
Dann öffnet Er die Arme weit,
Schließt dich an's Herz voll Innigkeit.

Buße.

Der liebe Gott hat Vieles uns gegeben,
Das uns versüßen soll das arme Leben,
Und sicherlich vor Freud' sein Herze lacht,
Sieht Er, wie's uns so recht viel Freude macht.

Doch wie das Mutterherz zerschmilzt, wenn's
                                    Kindlein
Vom Zucker, den sie gab, aus seinem Münd=
                                    lein
Ein Stückchen ihr reicht, ist's auch Gott zu
                                    Muth
Beim kleinsten Abbruch, den sein Kind sich
                                    thut.

Hölle.

Denk' nicht, daß Gott ein Quälgeist sei,
Der in der Hölle peitscht und brennt;
Gott ist die Lieb', Gott ist die Treu',
Der weder Haß noch Wechsel kennt.

Doch sieh' die liebe Sonn' nur an!
Bleibt sie nicht immer schön und gut?
Und doch ein krankes Auge kann
Vor Schmerz nicht dulden ihre Gluth.

Gnade.

Einst wallt' ich an des Meeres wüstem Rand;
Die Sonne strahlt so mächtig in den Sand,
Daß glühend er des Pilgers Füße brannt';
So weit ich ging, ich nicht ein Gräschen fand.
Da dacht' ich wohl, gar still in mich gewandt:
Dieselbe Sonn' Gedeihen gab dem Land,
Wo heut' der Schnitter reiche Garben band;
Warum versengt sie wohl den weiten Strand?
Antwort: Sie scheint in unfruchtbaren Sand.

O Menschenherz, du klagst im Unverstand,
Daß Gott dir zugetheilt mit karger Hand;
Er ist die Sonn', wärst du nur nicht der Sand!

Hindernisse.

Wohlthätig ist der Sonne Licht,
Und immer freundlich ihr Gesicht;
Eklipsen, Schatten, Wolken, Nacht
Hat nicht die güt'ge Sonn' gemacht.

Wenn aus der Erde Dunst aufgeht
Und zwischen Erd' und Sonne steht,
Dann ist's wohl nicht der Sonne Schuld,
Daß du vermissest ihre Huld.

So ist es auch mit Gott dem Herrn;
Er bleibt sich gleich und hilft uns gern;
Doch zwischen uns und Gott gestellt
Ist oft viel Dunst und Staub der Welt.

Das hl. Sacrament.

Das heil'ge Sacrament ist Sonnenschein,
Der gutem Seelengrund gibt reich Gedeih'n;
Doch wo das Herz nur eine faule Pfütze,
Wird's ausgetrocknet wie durch Sonnenhitze,
Und kriegt 'ne Kruste, hart wie Kieselstein.

Blüthe und Frucht.

Herrlich prangt die Blüthendolde
In des Lenzes Sonnengolde,
Und manch Herz, vom Duft erfreut,
Preist die Blume, die ihn beut.

Doch bevor in späten Tagen
Sie kann Frucht und Samen tragen,
Nehmen Flor und Duft die Flucht:
Nie vereint sind Blüth' und Frucht.

Menschenlob ist Blüthenschimmer;
Himmelsfrüchte reißt du nimmer,
Streifst du nicht vor deinem Grab
Jeden eiteln Schimmer ab.

Vater und Kind.

Auf grüner Wiese das Knäblein sitzt,
Und plätschert im Bach;
Im dunkeln Walde sein Vater schwitzt,
Und ächzet ein Ach! —
Das Knäblein hört von dem Waldeshang'
Gar lustigen Chor;
Dem Vater zirpt von der Wiese bang
Die Grille vor. —

Geistererscheinung.

Ein Jüngling schreitet durch düstern Wald;
Die Winde sausen:
Es überläuft ihn so kalt, so kalt
Ein Grausen.
Die Blätter knistern wie Geisterlaut:
„Die Wölfe! Die Wölfe! . . ."

Wer ist, den's nicht vor dem Wärwolf graut
Um zwölfe? . . .
Die Geister steigen aus finstrer Gruft! —
Ja, ja, im Herzen
Des Sünders löschte der Todtenduft
Die Kerzen. —

An die jetzigen Schreier.
1861.

Weil Petrus arm, ihr armen Thoren,
Ziemt's auch dem Papst, ihr faselnd sprecht;
Antwortet mir: weil nackt geboren,
Habt ihr zum Kleide denn kein Recht?
Ist denn die Manneskraft zu fliehen,
Weil schwach das Kind im ersten Jahr?
Darf Mittags denn die Sonn' nicht glühen,
Weil matt ihr Strahl am Morgen war?
Habt nur Geduld! Die Sonn' einst sinket;
Das Kleid legt Petrus dann bei Seit'.
Weil Gott dem Greis zur Ruhe winket;
Doch wann? — Am Abend dieser Zeit.

Der Schnee.

Auf weißem Schnee der Sonne Schein,
Das glänzt wie tausend Demantstein':
So muß die reine Seele sein,
Scheint Gottes Gnadenlicht hinein.

Am Weg der Schnee, zerstampft, bestaubt,
Die Seel' ist's, ihrer Huld beraubt:
Willst glänzen wie der Schnee im Feld,
O hüt' dich, Seel', vor'm Fuß der Welt!

Die Menschheit.

Die Menschheit ist ein Esel
Mit gold'nem Zeug gerüstet;
Was würdest du wohl sagen,
Wenn sich der Esel brüstet'?
Das Gold ist Gottes Gnade;
Ihr dankst du jede Zier;
Würd' sie dir weggenommen,
Wärst du ein graues Thier.

Menschenstimme.

Die ganze schöne Harmonie der Welt,
Der Sterne Reigen hoch am Himmelszelt
Der Einklang aller Stimmen der Natur,
Vom Löwen bis zum Grillchen auf der Flur,
Von Milliarden Vögel, die nie stumm,
Bis zu des Mückenvölkchens bunt Gesumm',
Das Alles ist wohl schön, ist lauter Ruf
Zum Preise dessen, der das All erschuf.
Doch über alle Sphärenharmonie,
Und über aller Vögel Melodie,
Und was Gott lobt in der Natur, ihm geht
Wohl eine Menschenstimme im Gebet,
Die, was sie singt, wie's Weltall, Gott zum
　　　　　　　　　　　　　　Preis,
Nur, wie es Engel wissen können, weiß.
O Menschenstimme denke, was du bist!
Unwürdig deiner jedes Wörtchen ist,
Das anders klingt, als nur zu Gottes Lob,
Der Erd' und Himmel in dir so verwob.

Wandervöglein.

Ach, wie Vöglein ängstlich flattert
In dem Käfig an der Wand,
Kommt die Zeit, wo's sollte wandern
In sein sonnig Heimathland!

Sieh'! Natur hat's ihm geschrieben
In die kleine Vogelbrust:
„Hier ist, Vöglein, nicht dein Bleiben;
Such' dir schön're Frühlingslust!"

Auch die Seel', ein Wandervöglein,
In den Körper eingezwängt,
Fühlt sich auf der kalten Erde
So geängstigt, so beengt.

O, auch ihr ist's eingeschrieben
Von dem Schöpfer: „Du mußt fort
Von der winterkalten Erde
Bald zu schöner'm Frühlingsort!"

An die Rosen.

Ihr seid wohl schön, o Rosen,
Recht schön, dieweil ihr blüht,
Euch Frühlingslüfte kosen,
Die Maiensonn' durchglüht!

Das leichte Flattervölkchen
Schwärmt nicht umsonst so bunt;
Es hascht nach Ambrawölkchen
Von eurem Blumenmund.

Doch wird es ewig lenzen? —
O Rosen, habet Acht!
In flücht'gen Horentänzen
Naht kalt die Herbstesnacht.

Dann schwinden eure Farben
Wie leichtes Abendroth;
Die Ambradüfte starben,
Umflattert euch — der Tod.

Drum seid — ich sag's mit Wehmuth —
O Rosen, nicht so stolz!
Euch ziemt der Spruch der Demuth:
Wir sind nur dornig Holz! —

Allegorie (nach Hermas).

Im Wald viel schöne Bäume steh'n,
Voll Saft und Kraft und grün belaubt;
Daneben kannst du viele seh'n
Verdorrt, des Frühlingsschmucks beraubt.

Da kommt der Herbstwind kalt heran,
Macht grün' und dürre Bäume gleich;
Man sieht's dem kahlen Stamm nicht an,
War leer er oder blätterreich.

Und so den starren Winter ganz
Steh'n grün' und dürre Bäum' im Wald
Ganz gleich, all' ohne Frühlingsglanz,
Bis plötzlich Frühlingslied erschallt;

Bis plötzlich Frühlingssonnenstrahl
Vom Himmel grüßend niederlacht
Auf den entlaubten Wald zumal,
Daß er erwacht zu neuer Pracht.

Dann werden, die der Herbst entlaubt,
Die Bäum' aufblüh'n im gold'nen Schein,
Die dürr er fand und schmuckberaubt,
Sie werden todt für immer sein. —

Vöglein auf dem Meere.

Ein kleines Landvöglein
Wollt' in das Schiff hinein;
Doch als es Menschen sieht,
Es husch von dannen flieht.

Es fürchtet nicht das Schiff,
Das wild durch Wellen pfiff,
Nicht Segel, Mast und Rauch,
Gepeitscht von Sturmeshauch.

Wohl flattert's bang umher
Hoch über'm weiten Meer,
Und findet nirgends Halt,
Muß sterben wohl gar bald.

Ach, gerne hätt's als Gast
Geruht auf Schiffes Mast,
Doch Menschenangesicht
Verträgt arm Vöglein nicht.

Ich hab' drob schier geweint!
Ist denn der größte Feind
Der Unschuld, Mensch, dein Blick? — —
O Eden, komm' zurück! —

Das macht die Liebe.

Wenn ich im Lenz auf grüner Au
Die Blümlein schau';
   Von ihrem Duft erquickt
   Ruf' ich entzückt:
     Das macht die Liebe.

Wenn freundlich mir ein Lied im Wald
Entgegenschallt,
Von Hochgefühl geschwellt
Ruf' ich der Welt:
Das macht die Liebe.

Wenn lieblich mild durch's Grau'n der Nacht
Ein Sternlein lacht,
Vom Zauberglanz geweiht
Ruf' ich erfreut:
Das macht die Liebe.

Liegt Erd' und Meer und Luft, ein Bild,
Vor mir enthüllt,
Von Schöne rings umwebt
Ruf' ich belebt:
Das macht die Liebe.

Und bebt die Erd', der Himmel grollt,
Dumpf Donner rollt,
Mit Gottes Lieb' vertraut
Ich rufe laut:
Das macht die Liebe.

Vöglein, preise deinen Herrn.

Wenn die Maiensonn' erwacht,
Lenz auf Feld und Bäumen lacht:
O, wie hör' ich dich so gern,
Vöglein, preisen deinen Herrn!

O, nur auf in munterm Schlag,
Ehe noch erwacht der Tag,
Eh' erlöscht der Morgenstern,
Vöglein, preise deinen Herrn!

Daß ich, wach nach solchem Schall,
Nieder auf die Kniee fall',
Daß mein Herz recht beten lern',
Vöglein, preise deinen Herrn!

Immerfort, an jedem Ort,
Wenn du ruhst und fliegest fort,
Wenn du pickst im Feld den Kern,
Vöglein, preise deinen Herrn!

Wenn du dich zum Himmel schwingst,
Durch die Wolken segelnd dringst,
Daß ich's hör' aus blauer Fern',
Vöglein, preise deinen Herrn!

O, ich sage tausend Dank
Dir für jeden Frühlingssang!
O, wie hör ich dich so gern,
Vöglein, preisen deinen Herrn!

Das schlafende Kindlein und sein Engel.
(Ballade. Aus dem Französischen.)

Das Kindlein schläft in süßer Ruh',
Voll Huld sieht ihm sein Engel zu,
Und breitet seine weißen Flügel
Aus über's Kindlein fromm und rein;
O sieh', wie's lächelnd schaut darein! —
Der Wind sich Blüthen sammelt, schüttelnd
    an den Zweigen.

O sieh', wie's lächelnd schaut darein!
Wie's faltet seine Händchen klein
Im Schlummer, als wie zum Gebete!
Sein Engel sieht's; ob er sich freu'? —
Er lächelt, doch er weint dabei.
Der Wind sich Blüthen sammelt, schüttelnd
      an den Zweigen.

Er lächelt, doch er weint dabei:
Denn bleibt das Kindlein Gott wohl treu? —
Der Rosenstrauch voll weißer Blüthen
Mit ihrem unheilvollen Schritt
Vielleicht die böse Welt zertritt! —
Der Wind sich Blüthen sammelt, schüttelnd
      an den Zweigen.

Vielleicht die böse Welt zertritt
Die Blum' mit unheilvollem Schritt!
— Der Engel sagt's mit weißen Flügeln —
O hüt' das Kind, Gott, wenn's erwacht,
Verläng're sonst ihm Schlaf und Nacht!
Der Wind sich Blüthen sammelt, schüttelnd
      an den Zweigen.

Verläng're sonst ihm Schlaf und Nacht
Und zeig' ihm dann, wenn es erwacht,
Die Brüderlein in weißen Kleidern!
Seitdem schläft's fort, 's hat keine Noth,
Die Menschen glauben, es sei todt.
Der Wind sich Blüthen sammelt, schüttelnd
                an den Zweigen.

Die Menschen glauben, es sei todt;
Doch wo des Himmels Morgenroth
Für Mütterlein anfängt zu leuchten,
Sieht zwischen weißen Röslein steh'n
Ihr Kindlein sie, ein Röslein schön.
Der Wind sich Blüthen sammelt, schüttelnd
                an den Zweigen.

Sonette.

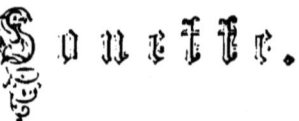

An die umnebelten Dichter.
1852.

Ihr könntet wie die Frühlingsvögel leben,
Und singen lieblich, wie die Lerche singt,
Die durch des Himmels blaue Wölbung
                            dringt,
Mit ihr zum Thron der Gottheit euch erheben.

Doch eitel Traum ist euer ganzes Streben,
Wenn ihr euch nicht der Leidenschaft entschwingt,
Die euch wie des Avernus Dunst umringt,
Worüber keine Frühlingsvögel schweben.

Sie trillern über duft'gen Feldern nur
Die Sängerinnen lenzlicher Natur:
Denkt nicht, ihr sängt der Vöglein hehre Kunst!

Ein Lied in eurem Nebel, eurem Dunst,
Wem sollt' in Wahrheit besser ich's vergleichen,
Als Unkenruf und Froschgequack in Teichen?

———————

Nacht und Traum.

Hat in der Levante sich erhoben
Die Morgensonn' in ihrer Strahlenpracht,
Und ist vom Schlaf das trunk'ne Aug' erwacht,
Fühl' ich als wie von Geistern mich umwoben;

Auf ewig, raunt es in mein Ohr, zerstoben
Mit ihren Träumen ist die düstre Nacht,
Ob sie mit Zephyrlispeln dich umfacht,
Ob sie dich schreckten mit der Stürme Toben.

Und Echo fühl in der Seele beben
Mit Liebeston: Nacht ist das Erdenleben;
Unglück und Glück die Träume, die's berücken;

Der Tod die Morgensonne, deren Klarheit
Dir zeigt im Strahlenglanze sel'ger Wahrheit
Des Lebens Licht, ein ewiges Entzücken.

Zwiespalt.

Oft kommt's mich an, als wollt' in Adlerflügen
Ich über alles Irdische mich schwingen,
Um ewig „heilig", „heilig" schon zu singen,
Anbetend vor des Höchsten Thron zu liegen.

Und wieder hang' ich, Welt, an deinen Zügen,
Und wieder fühl' ich mich in deinen Schlingen;
Kein Geistesflug zum Himmel will gelingen,
In Erdenträume will das Herz sich wiegen.

Das eben ist die kriegerische Zweiheit:
Der Geist, ein Himmelsbürger, möchte schweben
In Sphären, wo nur sel'ge Geister weben.

Das Fleisch bekämpft des hehren Geistes Freiheit,
Und klebt am Staub, weil's nur aus Staub
                              besteht,
Bis Todeshauch den flücht'gen Staub verweht.

Das Kreuz.

Siehe, wie die Menschen jagen
Nach des Kreuzes Siegesprangen,
Nach ihm brennend vor Verlangen
Heiß im blut'gen Kampf sich schlagen!

Und mein Herz, du willst verzagen,
Glühend nicht das Kreuz umfangen,
D'ran dein Heiland hat gehangen,
Dir den Sieg davon zu tragen?

Und doch ist nur eitler Flimmer
Jenes Ehrenkreuzes Schimmer
Auf des Kriegers stolzer Brust;

Da das Kreuz, das dir gegeben,
Ist ein Pfand für ew'ges Leben,
Ew'ge, sel'ge Siegeslust.

Golgatha.

O Menschenherz, wohl treibt ein heil'ger Zug,
Der Trieb nach Seligkeit dich himmelan,
Führt dich hinauf die steile Alpenbahn,
Lehrt dich um den Parnaß der Adler Flug.

Doch ach, du webst in Traum; umhüllt von
      Trug,
Erbaust Du Babels Thurm; stolz, zu umfah'n
Den Himmel, merkst du nicht die Höll', den
      Wahn,
Bleibst Staub, den nur der Wind zur Höhe
      trug.

Suchst du den Berg der Wahrheit, dessen Licht
Wie Sonnengluth durch Nacht und Nebel bricht,
So schwinge Dich empor auf Golgatha;

Vernichtet liegt Trug, Tod und Hölle da,
Und was du suchst, Weg, Wahrheit, Leben, ist
Auf Golgatha vereint in Jesus Christ.

Einsamkeit.

Das Herz will einer Tanne gleichen:
Im Blüthenthal, auf grünem Rain,
Im nachtigalldurchtönten Hain
Verzwergt sie neben Rieseneichen.

Doch wo durch öde Felsen streichen
Die Adler auf dem Alpgestein,
Dort sieh' sie königlich gedeih'n,
Zum Himmel ihre Krone reichen!

Nicht in der Welt such' dir dein Leben;
Der Erde Freud' und Sinnenlust
Ersticken deine bange Brust.

Doch in der Einsamkeit erheben
Wie Cedern hoch sich die Gedanken,
Und in den höchsten Himmel ranken.

Gleichmuth.

Ein wilder Henker kommt der Sturm geflogen,
Und peitschet fürchterlich das stille Meer;
Nicht Ausgang findend, wälzt es hin und her
Stets in sich selbst zurück die wilden Wogen.

Da kommt die gold'ne Sonn' einhergezogen
Im Strahlenglanz; kein Sturmwind wüthet
                                    mehr;
Ein Spiegel ist der Ocean umher,
Als hätt' er Himmelsfrieden eingesogen.

So tobet denn, ihr Stürme des Geschickes,
Und peitscht gefühllos mein verlaß'nes Herz;
Nicht ewig währt, nicht ewig dieser Schmerz.

Bald strahlt die Gnadensonne mächt'gen Blickes
Vom Thron des Himmels in die stille Brust:
Es weicht der Schmerz; ich fühle Himmelslust.

Unbestand.

Ein tückisch Meer 'st mein Herz; kaum daß
             ich stille
Mich drin versenk', und lieblich blau
Den Himmel und die gold'nen Sternlein schau',
Ein lust'ger Taucher Perlen fisch' in Fülle;

Da schreckt's mit Meereswuth und Sturm=
             gebrülle
Mich aus dem süßen Traum; sein Nebel grau
Umhüllt des Geistes heit're Augenbrau',
Und Larven grinzen durch die schwarze Hülle.

Weht Gottes Hauch, strahlt mild sein Licht
             hernieder,
Dann hallt's in meiner Brust wie Aeolslieder,
Ein Spiegel ist mein Herz mit Perlengrund;

Und nur, wenn meine Leidenschaften brüllen,
Kein Licht mir leuchtet als im eignen Willen,
Heult Scylla's Dämon, peitscht das Herz mir
             wund.

An Rom.

O Rome! . . .

The orphans of the heart must turn to thee.

Byron

O Rom, du Stadt der Seel' im öden Grabe
Verblichener Natur, die Flamm' und Schwert
Vernichtet', — eine Wüst', Palmyra's werth —
O Rom, zu dir eilt' ich am Pilgerstabe,
Als all mein Glück verschied, der schwarze
        Rabe
Des Schicksals mir nur Tod weissagt', zer=
        stört
Lag Alles, was ich liebt', der traute Herd
Des Vaters, und die Mutter ruht im Grabe.
Als eine Wüst' das Vaterland mir däuchte,
Eilt' ich zu dir, daß mir dein Himmel leuchte,

Geliebtes Rom, Oasenstadt der Welt,
Und fand den ew'gen Vater, Gottes Brüder,
Und eine Himmelsmutter fand ich wieder,
Die mich mit heil'ger Lieb umschlungen hält.

Beim Tode
einer jungen Frau, die singend starb.

Geht sie doch dem schwarzen Tod entgegen,
Hat den letzten großen Sprung zu wagen,
Und doch faßt ihr Herz kein bang Verzagen
Vor des strengen Richters ernstem Wägen.

Ihre Lippen sich zum Sang bewegen,
Und es klingt wahrhaftig nicht gleich Klagen;
Wie die Nachtigall in Lenzestagen
Singt sie laut der Todesnacht entgegen;

Singt und stirbt. — O Gott, so möcht' ich
sterben;
Denn der Sarg ist eine bange Fähre! —
Aber horch! ein Geisterwort ich höre:

Kannst in deinem Tode mich beerben:
Wenn im Leben du mit Thränen säest,
Unter Freud' und Sang' im Tod du mähest.

Kampflust.

Ha! wie's in meinem Busen gährt
Vor Kampfbegier! Fürstin der Welt,
Maria, gib mir Schild und Schwert!
Ich muß, ich muß hinaus ins Feld!

Dir gilt der Kampf! Heldin bewährt,
Gib mir dein Erz, daß muthgeschwellt
Ich deinen Feind am schwarzen Heerd
Erleg', wie wild die Hölle bellt!

Dein Waffenruhm, o Königin,
Ist mein Ruhm; deine Siegespracht
Ist meine Luft in Kampf und Nacht!

Dein Sieg mein Sieg und mein Gewinn!
O gib ein Schwert dem Kriegesmuth,
Daß ich besieg' die Höllenbrut!

Die Sonne glänzt.

Die Sonne glänzt! — Ha, wie der
          Nebel flieht,
Ein flücht'ger Wolf, den aufgescheucht vom Thal
Die Schäferin mit scharfem Blick dem Strahl
Der Sonne gleich, wenn Feueraluth sie sprüht!

Die Sonne glänzt! — Ha, wie so fröh=
          lich zieht
Die Heerd' auf's Angergrün, wo jüngst noch schal
Das graue Thier, die Nacht, barg.Quell und
          Mahl
Dem Lämmervolk; Glück auf, mein Lied!

Die Sonne glänzt! — Ein heil'ger Tag
                      verscheucht
Die Nacht der Zeit, den bösen Alp, der sich
Mit Drachenzahn in's Bett der Menschheit
                      schlich!

Die Sonne glänzt! — In Volllichts Glanz
                      aufsteigt
Maria's Lebenssonn'! Schnell flieht der Tod;
Aus ihrem Schoß strahlt Licht und Lebens=
                      brod!

Der Lorbeer.

Schwarz ist der Menschenwald! die Schlangen=
                      brut
Der Höll', ein loher Blitzstrahl, trifft
All' seine Stämm'! Mit Flammenschrift
Ist eingeäßt das Brandmal — bis auf's Blut!

An stolzen Eichen selbst nagt wild die Gluth
Der Sünde! Cedern hauchen Gift
Statt Harz! — — O, traurig, segelnd schifft
Mein Herz, ein Vogel, durch des Aethers
      Fluth! —

Ist Alles denn versengt? — Grünt nicht ein
      Baum
Dem Sänger mehr im Waldesraum? — — -
Ein Lorbeer, ha, Maria trotzt dem Fluch!

Drum auf, mein Lied, flieg' in den grünen
      Schooß
Der Lorbeerjungfrau! Preis' ihr Loos!
Sing' ihren Sieg! Auf, auf, zum Flug! —

Der Regenbogen.

Graus heult der Sturm; in schwarze Nacht
gehüllt
Ist rings der Himmel; mit des Wildbachs Wust
Aus offnen Katarrhakten rauschend quillt
Die Wolke! Grau'n des Tod's faßt bang die
Brust! —

Gerechter Schauer! Straf' für frevle Lust
Der Kinder Adams! O, entsetzlich brüllt
Zorn Gottes! — Wer gibt Ruh der Menschen=
brust,
Da Sündfluth rings den weiten Erdkreis
füllt? —

O, heb' das Aug'! Glanzvolles Irislicht
Erhellt die Nacht, entwölkt das Angesicht
Jehova's, lächelt zwischen Gott und Welt!

O, heb das Herz! Maria's Friedensblick
Gibt Gott der Erd', die Erde Gott zurück!
Triumph! ein Felsblock von der Brust mir
fällt! —

Amicta sole; pulchra ut luna.

Mir ist so wohl auf meiner kleinen Zelle,
Wenn mir, bin ich von düsterm Traum erwacht,
Der Mond so lieblich mild entgegenlacht,
Der holde Mond in seiner Silberhelle.

Ich grüße dann so froh die neue Quelle
Des Lichtes, von der Sonne selbst mit Pracht
Bekleidet, daß sie glänz' in dunkler Nacht,
Mir ist's, als ob der Busen höher schwelle.

Und ach, vor Freude soll mein Herz nicht beben,
Daß Gott in diesem düstern Erdenleben
Uns ein so süßes Gnadenlicht gegeben?

Ich rausche durch die Saiten, auszudrücken
Die Lust, in Gottes Glanz dich zu erblicken,
Mond meiner Nacht, Maria, mein Entzücken!

Vo
Die
Ein
Mit

„Au
Mit
Ein
Die

Und
Erw
Zur

Mit
Die
Die

Die Hirten bei der Krippe.

Vom Himmel nieder, Pfeile Gottes, schwirrten
Die Engel in das stille Schäferthal;
Ein heil'ger Blitz durchzuckt ihr Seraphstrahl
Mit Weiheton die Brust der frommen Hirten:

„Auf, auf, die heil'ge Jungfrau zu bewirthen
Mit Gottes Kindlein, das aus freier Wahl
Ein guter Hirt gesellt sich eurer Zahl,
Die Schäflein aufzusuchen, die verirrten!"

Und Daphnis' Brüder eilen, ihre Seele
Erwärmt von Gottesgluth, zur Schäferhöhle,
Zur Gottesmutter und zum Jesulein,

Mit Honig, Milch und Früchten, was sie haben,
Die lieben Gäste brüderlich zu laben,
Die Mutter und das Kindlein zu erfreu'n.

Die Mutter mit dem Kind.

O Mutter, welche Lust, an's Herz zu schmiegen,
Das wogt vor Lieb', in Liebesgluth zerfließt,
Der liebe Frucht! O Mutter, wer genießt
Wie du so himmlisch reines Hochvergnügen?

Dein Blick hängt wonnig an den sanften Zügen
Des Knöspchens, das der Sonne sich erschließt;
Der süße Blüthenduft der Unschuld sprießt
Für dich, hast du das Kind am Busen liegen.

O Mutterherz, nur du kannst dich versenken
In jenes heil'ge Meer der Mutterlust,
Das wonniglich durchwogt' Maria's Brust,

Konnt' sie mit ihrer Liebe Nektar tränken
An ihres Busens neuem Paradies
Das Himmelsblümlein Jesus hold und süß.

Der Priester am Altar.

I.

Ein Altar ist im Himmel vor dem Thron,
Worauf von Ewigkeit als Lösegeld
Für Adam's Sünden und die sünd'ge Welt
Dem Vater opfert sich der ew'ge Sohn;

Und ist auf Golgatha das Holz voll Hohn,
Drauf in der Zeiten Füll' sich dargestellt
Als Sühne zwischen Erd' und Himmelszelt
Der Priester=König mit der Dornenkron.

O Priester, wenn du opferst am Altar
Bringst du vor Gottes Thron dem Vater dar
Den Sohn, der ewig Ihm ein Opfer war.

Und bringst unblutig dar das Opferlamm,
Das für uns starb am blut'gen Kreuzesstamm
Wirkst du an Christi Stelle wundersam.

II.

Wie in dem Himmel tausend Engel schweben
Um Gottes Thron, und wie auf Golgatha
Der Sohn viel tausend Engel um sich sah,
So tausend Engel den Altar umgeben.

O Priester, denk' daran mit heil'gem Beben!
Stehst am Altar du gleich weit höher da,
Als alle Engel, die dir dienstbar nah';
Strahlt vor den Engeln auch hervor dein Leben?

Ich schlag' an meine Brust und ruf' mit
                                    Zittern:
O wahr' mich, Herr vor deines Zorns Ge=
                                    wittern;
O sieh' auf meinen Thränenstrom den bittern!

Beladen mit dem Fluch von Adams Kindern,
Steh' ich ein Sünder unter andern Sündern;
O hilf mir, Gott, die Zahl der Sünden
                                    mindern!

III.

Zwei Kelche hat der Heiland selbst getrunken,
Wo Er als Priester-König sich uns zeigte,
Den einen, den Er seinen Jüngern reichte,
Der Ihn von Liebe machte wonnetrunken;

Den andern, als in Todesangst versunken
Er unter uns'rer Sündenlast sich beugte,
Wo sich ein Himmelsbote zu Ihm neigte
Mit bitterm Kelch', drin seine Seel zu tunken.

Zwei Kelche sind auch, Priester dir beschieden,
Der Kelch des Bundes, dessen heil'ger Bronnen
Die Seele füllt mit sel'gen Liebeswonnen,

Der Kelch der Bitterkeiten, den hienieden
Ein Engel unsichtbar so lange füllet,
Bis ihm der ew'ge Freudenborn entquillet.

Sängers Beruf.

Trinkst du gleich an der Wahrheit Himmels-
quelle;
Du stillst die Gluthen nicht, die innen brennen:
Denn Stückwerk ist auf Erden all Erkennen,
Und Finsterniß des irb'schen Geistes Helle.

Und sängst du gleich, daß wie des Meeres Welle
Dein Lied erbraust', es könnt nicht Alles nennen,
Was du gedacht, gleich wilden Rossen rennen
Idee'n zu Menschenwort unzugänglicher Stelle.

Nur in des Himmels schleierloser Klarheit,
Wo deines Geistesblick hemmt keine Schranke,
Siehst du von Angesicht die volle Wahrheit:

Zum Lied wird dort der leiseste Gedanke;
Dort nur folgst du in ew'gem Lied dem Ruf
Des Höchsten, der zum Sänger dich erschuf!

Legenden und Romanzen.

———•◦:♠:◦•———

Die Huldigung der Fahnen.

Was ist das für ein Toben auf den Gassen?
Was schaaren sich die rohen Pöbelmassen
  In Zions Mauern vor der Landvogtei?
Gilt einem Mörder, dessen blut'ge Thaten
Einärndten jetzt die Frucht der blut'gen Saaten,
Des aufgeregten Pöbels Wuthgeschrei?

  Ein ewig Brandmal steht's in der Ge-
                        schichte —
Gefesselt führt man Jesus zum Gerichte
Gleich einem Räuber unter Schimpf und Spott;
Dem jüngst man noch „Hosanna“ laut ge-
                        rufen,
Ihm heulen sie von des Palastes Stufen
Verwünschung zu, die Menschen ihrem Gott.

Da ist nicht Einer in der wilden Rotte,
Der Mitleid zeigt beim allgemeinen Spotte,
Der achtet auf der Liebe groß Gebot;
Die Pharisäer, Pöbel und Magnaten,
Und Schriftgelehrte, Sbirren und Soldaten
Ihm rufen laut Verwünschung zu und Tod.

So schreitet Jesus durch die Reih'n der Spötter
In Knechtsgestalt und doch der Gott der Götter,
Zum Vorhof, wo die Fahnenwachen steh'n,
Wo stämm'ge, recht germanische Gestalten
Rom's Banner in den starken Fäusten halten;
Doch sieh'! was soll der Fahnen schwankes
                              Weh'n?

Sowie der Heiland kommt herangegangen,
Ob auch die Krieger sie mit Macht umfangen,
Die Fahnen mit Rom's Adlern nei=
                              gen sich. —
Der Pöbel schreit, die Pharisäer brüllen,
Der Prätor stampft; doch wider ihren Willen
Rom's Adler vor dem Heiland beu=
                              gen sich. —

Da faßt die Menge wohl ein banges Zagen,
Doch nimmer kann den Schimpf der Prätor
                              tragen,
Und stärk're Mannen stellt er in die Reih'n,
Die wilder fluchend ihre Schakalstimme
Gemischet mit des Pöbels lautem Grimme;
Bei Gott, die konnten nicht verdächtig sein.

Doch ist's, als ob Rom's Adler sich ver=
                              schworen;
Hat man die stärksten Arme gleich erkoren,
Vor ihrem Gott die Fahnen neigen
                              sich. —
Ob auch der Pöbel rast, die Priester toben,
Wo Menschen schweigen, Gott auch Steine
                              loben,
Vor ihrem Gott Rom's Adler beu=
              gen sich. —

Verborg'ne Geisterhand beherrscht die Krieger,
Den Weltbeherrschern zeigt sie Rom's Besieger,
Vor dem das Weltreich fiel, ihr stolz Idol.

Rom's Adlerbanner nennt noch die Geschichte,
Das Kreuz dafür glänzt bis zum Weltgerichte
Als Siegspanier hoch auf dem Capitol.

Die hl. Familie auf der Reise.

Als nach Egypten Joseph und Maria ritten
Auf einem Esel mit dem Jesulein,
Sie manches Ungemach auf langer Fahrt er=
litten
Von schlechtem Weg und heißem Sonnenschein.

Und eines Tages vor den wilden Sonnen=
gluthen
Sie suchten unter hohem Palmbaum Schutz,
Und unter seiner Blätter Schatten still sie
ruhten;
Doch quälte sie der Durst mit wildem Trutz.

Das Jesukindlein sah mit Schmerz der Mutter
                Leiden,
Und sprach zum Palmbaum: „Neige dich
                herab,
Und lasse sie an deiner süßen Frucht sich wei=
                den;"
Der Baum gehorcht', und neigte sich hinab.

Dann sprach das Kindlein zu dem Baume
                wieder:
„Erhebe dich und tränke mit dem Quell,
Der deine Wurzeln netzt, der Mutter müde
                Glieder;"
Und aus den Wurzeln sprudelt's silberhell.

Da sprach das Jesulein voll Lieb': „Von
                allen Bäumen
Sollst du gesegnet sein!" und darauf ließ
Von Engeln pflanzen in des Paradieses Räumen
Den Palmbaum er, daß dort er ewig sprieß'!

Die heiligste Brautwerbung.

In dem Tempel weilt die Jungfrau, die der
    Herr der Welt verkündet,
Daß durch ihren heil'gen Samen einst die
    Menschheit würd' entsündet,
Sie, die Jungfrau der Jungfrauen, höchste
    Blüthe ihres Stammes,
Welcher fortan alle folgen in dem Zug des
    Gotteslammes.
Als ein Kind von zarten Jahren hat dem
    Herrn sie sich ergeben:
Nimmer sollt' ein Adamssprosse theilen ihr
    jungfräulich Leben;
Ein verschloß'ner Blumengarten wollt sie Gott
    nur Blüthen spenden,
Fern dem feilen Markt des Lebens, unzu=
    gänglich Menschenhänden.
Vierzehn Mal hat schon der Frühling segen=
    strahlend sie begrüßet,

Stets dem jungfräulichen Erdreich neue Jugend=
        blüth' entsprießet;
Immer hat nach einer Blume sie geseufzt nur
        und gerungen,
Die von einem Zweige Jesse's kommend der
        Prophet besungen.
Simeon, der hohe Priester, der des Tempels
        Dienste pflegte,
Für die zarte Jugendblüthe väterliche Sorgen
        hegte;
Wollt' ihr zartes Lilienleben einem Jüngling
        anvertrauen,
Der sie nimmer würde brechen, nur mit Ehr=
        furcht auf sie schauen.
Und der Greis bläst die Posaune in den aus=
        erwählten Stämmen,
Und die beigeströmten Schaaren bald den Tem=
        pel überschwemmen.
Drauf, wie's ihm ein Engel kund that, wählt
        er zwölf von edlem Blute,
Gibt den Zwölfen in die Hände jedem eine
        dürre Ruthe,

Daß der Gott der Väter gebe durch ein Wun-
        der zu erkennen,
Wer als Bräutigam die reine Jungfrau seine
        Braut mög' nennen;
Wessen Ruthe vor Maria's Augen treiben
        würde Blüthen,
Sei der gottbestimmte Wächter, der die Heil'ge
        solle hüten.
So war's ihm enthüllet, als er, in Betrach-
        tung tief verloren,
Sann des wunderbaren Schwures, den die
        Jungfrau Gott geschworen.
Und Maria schreitet züchtig, Demuth in den
        hehren Blicken,
Eine Blume sonder Makel, Erd' und Himmel
        zum Entzücken,
Durch die Reih'n der Auserwählten. In an-
        dächtig stillem Schauen
Ehrfurchtsvoll sich Alle neigen vor der Jung-
        frau der Jungfrauen.
Aber sieh', die dürren Ruthen wollen keine
        Blüthen bringen;

Keinem von den Auserseh'nen will das selt'ne
    Glück gelingen.
Da erblicken sie zur Seite schüchtern Joseph,
    den Gerechten,
Der voll Demuth sich betrachtet als den Knecht
    nur unter Knechten;
Aber seine Demuth mußten alle Söhne Juda's
    loben:
Denn wer sich vor Gott erniedrigt, wird von
    Ihm in Glanz erhoben;
Alle zieh'n den stillen Jüngling in die Reihe,
    daß er lose
Um die Blume der Jungfrauen, um die my=
    stisch schöne Rose.
Kaum hat der die dürre Gerte schüchtern in
    die Hand genommen,
Vor die Jungfrau sich gestellet mit dem Her=
    zen schwer beklommen,
Sieh' da ist mit weißen Blüthen sie bedeckt
    und grünem Laube,
Und auf ihrer Spitze ruhet eine schimmernd
    weiße Taube.

Und die Söhne Juda's alle rufen wie aus
    einer Kehle:
„Joseph hat der Herr erwählet, dem Maria
    sich vermähle!"
Und der hohe Priester führet drauf die Gott=
    gebenedeite
Still zu Joseph, der in Unschuld ihr fortan
    sein Leben weihte.

Ara coeli.

Octavian stand auf des Glückes Zinnen,
An Kraft und Schönheit sucht' er seines Gleichen,
Erfolg war ihm ein jeglic ' Beginnen,
Ihm floß im Frieden Sold aus allen Reichen.

Da nahten schmeichelnd ihm die Senatoren:
„Octavian, erhab'ner Mensch vor Allen,
Die Gottheit selber ward in dir geboren,
Erlaub', daß wir anbetend niederfallen!"

Doch er: „Ich glaube nicht den feilen Zungen
Der Söldner, die sich krümmen stets und bücken,
Feil bieten ihre besten Huldigungen,
Und Galle speien hinter meinem Rücken.

Laßt mir von Tibur die Sibylle kommen,
Die reine Jungfrau sonder List und Makel!
Ihr freies Wort wird meinem Herzen frommen,
Ihr Ausspruch sei für euch und mich Orakel!"

Sibylle fastet drauf drei volle Tage,
Wacht Nächte durch, und flehet um Enthül=
              lung,
Spricht dann zum Kaiser. „Sieh' gelöst die
              Frage,
Und zweifle nicht an meines Worts Erfüllung!

Ein König wird vom Himmel niedersteigen,
Der herrschen wird bis an der Zeiten Ende,
Vor dem sich alle Völker werden beugen,
Dem Kön'ge bringen des Tributes Spende!"

Und wie der Kaiser lauschet der Sibylle,
Und Alle staunen ob der selt'nen Worte,
Da öffnet sich des Himmels blaue Hülle,
Und schimmernd Licht entstrahlt der Himmels-
                   pforte.

Und eine Jungfrau schwebt von hehrer Schöne,
Ein Kind im Arm, auf Wolken licht geröthet,
Und aus den Lüften schallen Heroldstöne:
„Der Altar Gottes! fallet hin und betet!"

Octavian wirft sich zur Erde nieder;
„Nennt, ruft er aus, als Kaiser ich's begehre,
Nie Herr mich schwachen Staubgebor'nen wieder,
Gott ist der Herr, nur Ihm sei Ruhm und
                   Ehre!"

Refugium peccatorum.

Auf dem Siechbett liegt der Sünder, seine
       Stirne fieberheiß,
Aus den Gliedern gluthverzehret dringet banger
       Todesschweiß.
Seine Sünden alle steigen jetzt vor seiner Seele
       auf;
Ach, ein dunkler Flecken scheinet ihm sein gan=
       zer Lebenslauf.
Wie verkörpert steh'n die Laster vor ihm gräu=
       lich von Gestalt,
Bei dem grauenvollen Anblick überläuft ihn
       Schauer kalt.
Wie er ringt, sich zu befreien, seine glühe
       Stirne streicht,
Ach, das Schauerbild der Sünden nicht von
       seiner Seele weicht.
Und im Fiebertraum erscheint ihm Gott in
       strenger Majestät,

Der mit Augen, Blitze sprühend, nun als
        Richter vor ihm steht.
In der Hand hält Er die Waage, ach, die
        die Waage des Gerichts;
„Guter Engel, eil', o eile, leg' die Werke drauf
        des Lichts!“
Aber ach, der gute Engel, der vergeblich ihn
        gepflegt,
Findet wenig Gutes, das er auf die rechte
        Schaale legt;
Während auf der linken häufet schadenfroh der
        Höllengeist
Alle Sünden seines Lebens, daß vor Grau'n
        sein Herze reißt.
Und schon will die rechte Schaale jähling schnel=
        len in die Höh',
Da ruft er mit einem Male auf in bitterm
        Herzensweh:
„Heil'ge Jungfrau, Stern der Gnade, Mutter,
        Mutter, steh' mir bei,
Ach, in meiner letzten Stund' mir armen Sün=
        der gnädig sei!“

Und, o sieh', vom Himmel steigt sie, hehr in
  schimmerndem Gewand,
Sich zur rechten Schaale neigt sie, legt' dar=
  auf die mächt'ge Hand;
Und ob auch der Geist des Abgrunds an der
  andern Schaale zieht,
Mit der ganzen Wuth der Hölle sie zu senken
  sich bemüht,
Nimmer will es ihm gelingen, mit ihr schnellt
  er in die Höh',
Und beschämt der Böse stürzet in den tiefen
  Schwefelsee.
Drauf erwacht der fast Verlor'ne; o, wie ist
  so froh sein Sinn!
„Fortan will ich dir nur leben, o du Him=
  melskönigin!"
Also ruft er, also thut er, wird ein tugend=
  hafter Christ,
Und bei seinem Tod die Schaale rechts voll
  Gnad' und Tugend ist.

Tabernaculum Dei cum hominibus.

Apoc. XXI. 3.

Maria war von Anbeginn
Vereint mit Gott in treuer Minn';
Und da vom heil'gen Geist empfing
Und mit dem Herrn sie schwanger ging,
Sie nicht viel wen'ger als ein Jahr
Lebend'ger Tabernakel war;
Und als sie Ihn geboren hatt',
Folgt' sie Ihm stets durch Land und Stadt.
Da kam die bange Todesstund':
Wird sie verlassen sein jetzund?
O nein, der ganz von Liebe brennt,
Er gab sich noch im Sacrament,
Gab seinen Jüngern noch Gewalt,
Zu reichen Ihn in Brodsgestalt.
Und treulich aus der Jünger Hand
Maria nahm das heil'ge Pfand,
Und fortan wieder manches Jahr
Lebend'ger Tabernakel war.

Denn in ihr blieb die Brodsgestalt,
Und war sie gleich wohl Monden alt,
Stets bis zur Stund' ganz unversehrt,
Wo sie von Neu'm ihr ward bescheert.
So kam's, daß zur Verfolgungszeit,
Als sich die Jünger all' zerstreut,
Und Keiner opfert' am Altar,
Doch stets ein Tabernakel war,
Maria's gold'ner Herzensschrein
Mit ihrer Lieb' als Ampelschein. —

Das Jesuskind mit andern Kindern.

Einst spielt' das kleine Jesuskind
Mit andern Kindern auf der Straß',
Und wie dann so die Kinder sind,
Aus Lehm sie formten dies und das.

Zuletzt sie machten Vögelein,
Und jeder von den Knaben dann
Wollt' klüger und geschickter sein,
Als der vom armen Zimmermann.

Das war wohl, unter uns gesagt,
Gewiß nur Eifersucht und Neid;
Denn Jesus schön're Vöglein macht',
Und macht sie auch in kürz'rer Zeit.

Doch denkt nicht, daß Er böse war!
O nein, Er machte ruhig fort
Wohl zwanzig Vöglein, Paar um Paar,
Und sagte nicht ein einzig Wort.

Dann aber sprach Er: „Aufgepaßt!"
Und klatscht' in seine Händchen: „Husch!"
Und sieh', in pfeilgeschwinder Hast
Die Vöglein flogen in den Busch.

Es gibt noch jetzt der Knaben viel,
Die setzen dünkelhaft und dumm
Ihr Machwerk, eitel Kinderspiel,
Hoch über's Evangelium.

Doch was sie machen ist nur schal,
Und ohne innern Lebenskern
Sind Metaphysik und Moral;
Nur Leben hat das Wort des Herrn.

Der hl. Antonius (Abt).

I.

Antonius sah die Welt voll Feindesschlingen,
Verführerisch die Erd', die Luft voll Geister,
Sein eigen Fleisch voll Gier, ihn zu bezwingen;
„Wer wird in diesem ew'gen Kampfe Meister?"
So seufzt' der Greis in unnennbarer Wehmuth;
Vom Himmel aber tönt es laut: „die Demuth!"

II.

Antonius rang in seiner dunkeln Höhle
Mit vielen Geistern, die ihn grausam quälten
Am ganzen Leibe, während seine Seele
Die Wunden selbst zu neuem Kampfe stählten.
Und als im grausen Dunkel lange Stunden
Gen Hörner, Zähne, Klauen er gerungen,
Daß ihm das Blut wohl troff aus tausend
     Wunden,
Da hat auf einmal Licht die Höhl' durch=
     drungen;
Geheilt zumal von Wunden und von Schmerzen,
Erkannt' er Gott im Licht so hell wie Sterne,
Und rief laut auf mit lieberfülltem Herzen:
„O Gott, wo warst Du? warum bliebst Du
     ferne?“
Da sprach der Herr: „Ich war dir stets zur Seite,
Und barg Mich nur vor dir, dem liebsten Sohne,
Zu sehen deinen Widerstand im Streite,
Und dir zu geben reich're Siegeskrone!“

III.

Antonius liegt versunken in Betrachtung
Der wunderbaren Wege, die Gott leitet;
Und wie er ringet mit des Geist's Umnach=
              tung,
Des Herrn Gerichte nimmer er sich deutet.
„Gott, ruft er, send' mir Licht von deiner Höhe,
Daß ich gelöst das große Räthsel sehe!"

„Warum stirbt Mancher schon im Lenz der
              Jugend,
Ist Einer arm, der Andre hoch erhoben,
Das Laster glücklich, und verfolgt die Tugend?"
Da hört er eine Stimme laut von oben:
„Blick' in dein Inn'res, laß' den Herren
              schalten;
Du mußt nur dich, die Welt muß Gott ver=
              walten!"

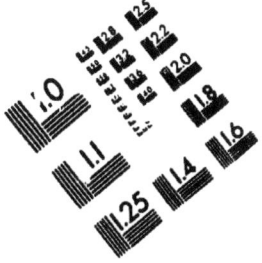

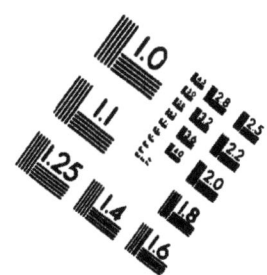

IMAGE EVALUATION
TEST TARGET (MT-3)

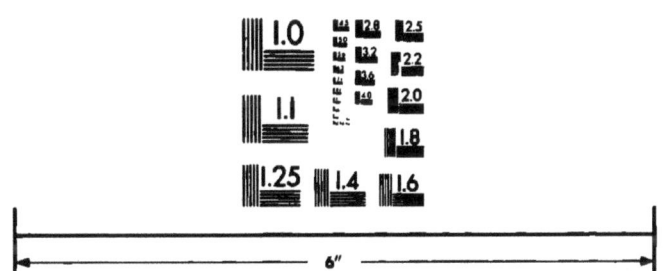

6"

Photographic
Sciences
Corporation

23 WEST MAIN STREET
WEBSTER, N.Y. 14580
(716) 872-4503

IV.

Antonius fühlt sich heftig angefochten
Von Ueberdruß und häßlichen Gedanken;
Da tausend Teufel nichts ger ihn vermochten,
Bringt dieser inn're Kampf ihn schier zum
                                        Wanken.
„Ich will, o Gott, so ruft er, selig werden;
Doch die Gedanken, die im Innern gähren,
Der Ueberdruß ob Mangel und Beschwerden
Den Weg zur Seligkeit mir stets verwehren;
Was soll ich thun?" — so geht er aus der
                                        Zelle;
Und als er eine Weil' gestanden hatte,
Sieht einen Mann er an des Siedels Schwelle,
Der ganz ihm gleich sah, flechten eine Matte.
Nach kurzer Arbeit thut der niederknieen,
Und betet voller Andacht seine Psalmen,
Steht wieder auf, sich wie zuvor zu mühen
Durch fleiß'ges Flechten seiner grünen Palmen;

Kniet wieder hin zum innigsten Gebete,
Thut wieder dann zur Arbeit auf sich raffen,
Und so vom Morgen bis zur Abendröthe
Er wechselt stets im Beten und im Schaffen.
Dann steht er auf und spricht: „Ich dein
       Engel,
Von Gott dir zum Gefährten beigegeben,
Zu warnen dich, zu rügen deine Mängel;
Thu' so wie ich, und du wirst selig leben!"
Antonius lauscht des Engels Wort zufrieden;
Gebet und Arbeit ward ihm bald Devise,
Und darin fand er, was er sucht, den Frieden,
Und einst'ge Seligkeit im Paradiese.

V.

Abt Ammon, noch im zarten Flor der Ju=
　　　　　　　gend,
Seufzt nach der greisen Väter Felsentugend,
Und weil Antonius stand in höchstem Ruch,
Vor ihm er fordert weisheitsvollen Spruch.

Der führt ihn zu dem Felsen vor der Zelle,
Und nöthigt ihn, daß er die Geißel schnelle
Jach auf den Stein; der fromme Jünger that's,
Und harret dann des Greisen fernern Raths.

Da sprach Antonius: „Hat der Fels gesprochen?
Geklagt, gedräut, gehadert, sich gerochen? —
Wohlan, mein Sohn, so soll die Tugend sein,
In allen Leiden lautlos wie der Stein?

Der Abt Pastor.

I.

Zum Abte Pastor sprach ein jüng'rer Bruder:
„O Vater, wie mir ist um's Herz so schwer!
Gedankenstürme trotzen meinem Ruder,
Und werfen mich gewaltsam hin und her;
Ach, die Gefahr, in der ich stets muß schweben,
Verbittert mir mein armes Siedlerleben."
Da nahm der Greis ihn mit sich vor die Klause,
Und draußen heult' so fürchterlich der Wind,
Daß kaum man in des Element's Gesause
Sein Wort verstand. Dann sprach der Greis:
                                    „Mein Kind,
Den zügellosen Sturm beim Kragen packe,
Und schließ ihn ein in diesem leeren Sacke!"
„Wie kann ich das?" Der Jüngling spricht
                                    verlegen.
„Wohlan," sagt Pastor, „hör des Meisters
                                    Wort:

Kannst die Gedanken nicht in Ketten legen,
Die dich im Sturm bedräuen fort und fort;
Sollst ihnen wie dem Sturm nur widerstehen,
Und nimmer wird dein Herz zu Grunde gehen!"

———

II.

War ein frommer Eremite,
Der nach heil'ger Väter Sitte
Auf der Bruderliebe Bahn
Rastlos wandelt' himmelan.
Doch ihn füllte düst're Schwermuth
Seines Herzens Kelch mit Wermuth,
Den der Neidhard Satan mischt'
Weil er gern im Trüben fischt.
Und das Spiel gelingt ihm prächtig;
Denn dem Siedler scheint verdächtig,
Was er nur den Brüdern thut;
Drob er fürder lässig ruht.

Das hat Pastor bald vernommen,
Und ist jäh zum Bruder kommen:
„Bruder lieb, verzweifle nicht,
Geh' fürbaß den Weg zum Licht!"
Spricht der Bruder· „Was ich übe,
Wird getrübt durch Eigenliebe,
Selbstsucht, dieses Höllenthier,
Raubet jede Krone mir;
Will ihr fürder Raum nicht geben,
Gott und mir im Stillen leben."
Armer Bruder, der du bist,
Merkst du nicht des Satans List?
Pastor hat für solche Wunden
Schnell den Heilbalsam gefunden;
Nach des Heilands frommer Weis
Er gar bald ein Gleichniß weiß:
„Zween gute Bauersleute
Hatten Aecker; Einer streute
Rüstig seinen Samen aus;
Doch der And're blieb zu Haus.
Jener, der den Samen sä'te,
Wenig dann und Schlechtes mähte;

Erntet nichts der and're Mann:
Wer war wohl am Besten dran?"
„Jener, dem vom schlechten Samen
Wen'ge schlechte Früchte kamen,"
Der geheilte Bruder spricht's.
„Besser Weniges, als Nichts." —

Der Abt Makarius.

Kommt der Teufel auf der Reise
Zu Makarius, dem Greise,
Will ihn schlagen, kann es nicht,
Macht ein grämliches Gesicht.
Spricht: „Du böser Junggeselle,
Machst mir bittrer meine Hölle."
Drauf der Greis: „Das ist schon recht;
Doch warum, du Höllenknecht?"
Drob entgegnet ihm der Teufel:
„Gutes thust du sonder Zweifel;

Aber ich thu' mehr, als du,
Habe doch noch Rast, noch Ruh'.
Machst dir freilich viel zu leiden,
Aber hast auch deine Freuden;
Ich leid' auf dem Höllenrost
Ohne Lindrung, ohne Trost,
Fastest auch, doch nur zu Zeiten,
Da durch alle Ewigkeiten
Mich kein Bissen Brod ergötzt,
Mich kein Tröpfchen Wasser letzt.
Hab' dich auch, ich muß gestehen,
Ganze Nächte wachen sehen;
Doch wenn du geschlummert hast,
Hatt' ich nicht ein Stündchen Rast.
Nur in Einem, sag' ich offen,
Hast du stets mich übertroffen . . ."
„Höllenlümmel, sag' es schnell,
Und dann mach' dich von der Stell'!"
Drauf der Teufel hämisch kündet:
„Deine Demuth überwindet
Mich in Allem, was ich thu';
Das raubt mir die letzte Ruh'."

Fleht der Greis zum Gott der Gnade:
„Demuth gib auf meinem Pfade;
Alles, was ich thu', ist nichts
Ohne diesen Quell des Lichts."
Hat der Teufel sich verbissen,
Und ist jähling ausgerissen.
Solche Demuth, solch' Gebet
Allen Teufeln widersteht. —

Das Gotteslämpchen.

(Episode bei der Gründung Montreals.)

Hier ruhen wir, hier bauen wir
Dem Herrn des Himmels ein Gezelt!
Hier ström' sein Licht auf Canada's
Und Hochelaga's Heidenwelt!"

So rufen sie, so schwören sie,
Die von dem fernen Frankenland
Gekommen für die Rothhaut sind
Nach des St. Lorenz' wildem Strand.

Am ersten Tag da bringen sie
Dem Herrn zum Opfer seinen Sohn;
Am ersten Tag da bauen sie
Dem Sohn, dem ew'gen, seinen Thron:

Daß er da wohn', daß er da thron',
Daß er mit seinem Gnadenschein
Sie tröst' und stärk'; sie können ja
Doch nimmer ohne Jesus sein.

Doch ach, doch ach, wo nehmen sie
Das Oel zum ew'gen Lämpchen her? —
Sie dachten's nicht, sie brachten's nicht
Auf ihrer Fahrt mit über's Meer.

Und wenn auch tausend Seraphim
Am Altar flammen unsichtbar;
Das ew'ge Lämpchen muß ja glüh'n
Als Sinnbild dieser heil'gen Schaar.

Man sinnt und sinnt; — doch lug, haha!
Was glänzt dort in der dunkeln Nacht? —
Viel tausend Thierchen leuchten da;
Das schimmert, flimmert; welche Pracht!

Da fängt man sie, da zwängt man sie
In die Phiole klar und rein;
Da funkeln sie, verdunkeln sie
Bei Nacht den hellen Sternenschein.

Und ob dem Herrn gefiel das Licht?
O zweifle nicht, ja, sicher ja!
Den Platz seitdem verließ er nicht,
Und ist zur Stund' noch immer da. —

Der lebendige Tabernakel.

Thereschen war ein frommes Kind,
Und im hochheil'gen Sacrament
Den Herrn mit sond'rer Lieb' sie minnt,
Daß drob' ihr Herzchen loht und brennt.

Und wo sie in ein Kirchlein schlich,
Fand blindlings sie den heil'gen Schrein;
Denn Jesu zog sie stets an sich,
Und strahlt' in's Herz ihr hellen Schein.

Einst, da mit Mütterlein sie will
Zur Arbeit geh'n, fühlt plötzlich glüh'n
Ihr Herzchen sie, und fromm und still
Thut in den Sand der Straß' sie knie'n.

„O Mütterlein, knie' mit mir hin,
Lieb Jesus kommt des Wegs daher!"
So ruft das Kind mit frommem Sinn;
Die Mutter drob erstaunt gar sehr.

„Mein Kind, ich seh' den Heiland nicht."
„O sieh' den Priester! o, fürwahr,
Aus seinem Herzen strahlt ein Licht,
Er kommt soeben vom Altar!

Noch ist in ihm der Heiland ganz,
Und um ihn tausend Engel glüh'n
Mit Liebesgluth, mit Himmelsglanz;
O Mutter, Mutter, laß uns knie'n!" —

Affy.

Mancher meiner theuren Mitarbeiter im Weinberge Amerika's geweiht, die an den Bächen Babylons sitzen, und weinen,
wenn sie an Sion gedenken.

Wo von des palmbekränzten Nils Gestaden
Bis zu des Erythräums todtem Rand
Ein wogend Meer sich dehnt der Wüstensand,
Drin sich als Schiffe die Kameele baden,
Wo Löwen brüllen und Hyänen hausen,
Und Alles füllt die Seel mit Todesgrausen;

Da lebten, wie der große Täufer büßte,
In Klüften, die den Thieren Gott gebaut,
Die Väter in der strengsten Buß' ergraut,
Oasen wahrlich in der Menschheit Wüste,
In Christentugend fest gleich stämm'gen Eichen,
Gleich Palmen unter wilden Distelsträuchen.

Und unter ihnen, wie bei nächt'gem Dunkel,
Wenn sich die Welt verhüllt in stille Nacht,
Der Mond am Himmel glänzt in höh'rer Pracht,
Als alle Stern' mit ihrem Glanzgefunkel,
Strahlt Affy, durch Gebet und Buß' erhoben,
Daß All' ihn laut als ihren Meister loben.

Nicht lange blieb sein Glanz der Welt ver=
                borgen;
Affy wird auf den Leuchter bald gestellt,
Daß seine Tugend glänze vor der Welt:
Als Bischof soll er für die Kirche sorgen.
Da hilft kein Zagen, hilft kein Widerstreben;
Wer sich erniedrigt, den will Gott erheben.

Und mit der Inful noch auf seinem Haupte,
Die, Sinnbild jener scharfen Dornenkron',
Wohl drückt, wie diese einst den Gottessohn,
Er sich der Buße nicht enthoben glaubte;
Wie in der Wüste will er beten, büßen,
Nur das soll ihm das schwere Joch versüßen.

Doch sieh', die Sorgen, die sein Herz belasten,
Sie hemmen ihm den freien Geistesflug;
Die Last der Arbeit, die der Bischof trug,
Heißt ihn gebiet'risch mit der Buße rasten;
So sinkt er bald in die gemeine Sphäre,
Als ob er nicht der früh're Assy wäre.

Da fing er an zu seufzen und zu weinen:
„Hast, Herr, Du mich verlassen ganz und gar,
Die Gnad' entzogen, die mein Alles war? —
Kalt ist mein Herz und hart gleich Felsensteinen,
Der Geist der Andacht und der Buß verschwunden,
Und blutend meine Seel' aus tausend Wunden."

Drauf hört er einen Ruf aus lichter Wolke:
„Verzage nicht! Mehr, als Du selbst erflehst,
Geschieht für dich durch deines Volk's Gebet;
Und was du leidest jetzt von deinem Volke,
Mehr, als die selbstgewählten Büßerqualen,
Erhöht es deines Glorienscheines Strahlen!

Die entweihte Freistatt.

In Mailands Circus harrt die Menge
Blutgierig auf das blut'ge Spiel,
Wo mancher Mensch im Handgemenge
Mit Leopard und Panther fiel.

Hat auch, dem freveln Thun zu steuern,
Den Gladiator man verbannt,
Das Volk, gewohnt des Ungeheuern,
Ersatz im Schein des Rechtes fand.

Und einen Mörder sie jetzt führen
— Im Jubel strömt das Volk ihm nach -
Daß er mit Lybiens wilden Thieren
Sein Dasein in die Schanze schlag'.

Cresconius hieß der Todgeweihte;
Mit kühnem todeswüth'gem Trutz
Er von den Häschern sich befreite,
Und sucht im nahen Tempel Schutz:

Im Tempel, der nach gläub'ger Sitte
Asyl dem ärmsten Sünder bot,
In dessen gottgeweihter Mitte
Der Mörder selbst entging dem Tod.

Doch auch das Heil'ge wird verhöhnet
Wo Leidenschaft den Scepter schwingt;
Das Volk ist eher nicht versöhnet,
Bis man den Flüchtling wiederbringt.

Wohl wehret an des Tempels Stufen
Der Bischof die Entweiher ab;
Doch unter wildem Jubelrufen
Schleppt man das Opfer bald hinab.

Man führt ihn jauchzend zur Arene,
Und reizt der Thiere gier'gen Zahn;
Der Leopard wetzt seine Zähne,
Der Panther glotzt ihn lüstern an.

Doch plötzlich, wie von Geisterhänden
Getrieben, gen die Häscher sich
Mit wilder Blutbegier sie wenden,
Und sie zerfleischen fürchterlich.

„Gott selber hat sein Recht gerochen!
Der Bischof ruft's, Ambrosius;
Von Sünd' und Tod wird freigesprochen
Von Gott und Volk Cresconius. —

— · — · — · · — · —

Die Gottesbraut (H. Imelda.)

Im Kirchlein ist's so schön, so hold,
Der Altar wogt in Sammt;
Drauf von der Kandelaber Gold
Ein Sternenfeuer flammt,
Wie glüh'nder Seraph Odem schwebt
Die Weihrauchwolk' empor,
Durch's hehre Still des Kirchleins bebt
Musik vom hohen Chor.

Und sinnig eine Jungfrau kniet
In heil'ger Beterschaar;
Ihr liebend Herz, ihr fromm Gemüth
Ist selbst ein Festaltar;

Den ziert der Tugend Blüthenkranz,
Und engelrein Gebet
In Liebesbrunst — ihr Kerzenglanz —
Als Opferweihrauch weht.

Sie hat den Heiland ja gewählt
Zum Bräut'gam ihrer Seel',
Vom Herzchen sorgsam weggeschält
Für Jesus jeden Fehl,
Und nur gelebt, ein liebend Kind,
Treu ihrem Seelentraut,
Daß sie, von Jesus hold geminnt,
Würd' seine liebe Braut.

Und heut' ist sie zum ersten Mal
— O sel'ger Augenblick! —
In ihres Heiland's Hochzeitsjaal,
Daß sie an's Herz ihn drück',
Daß sie empfang' — o Hochgenuß! —
O neues Paradies! —
Den ersten heil'gen Liebeskuß
Von ihrem Jesus süß.

Drum glüht ihr Herzchen, ach, so hell
Wie aller Kerzen Gluth,
Weil sie, der Liebe süßem Quell
So nah' dem höchsten Gut.
Drum wogt so wonnig ihre Brust
Wie luft'ger Seidenflor,
Schwebt ihr Gebet wie Maienlust
Zum Thron der Gnad' empor.

Der Heiland auf die Jungfrau mild
Herab vom Altar blickt,
Wo er ein Siegel fest sein Bild
Sieht auf ihr Herz gedrückt
— Das löst kein Tod —, sieht Fackeln glüh'n
Der Lieb' — die löscht kein Strom —
Hört ihres Herzens Melodie'n
    So hallt kein Lied im Dom. —

„O liebes Kind, du bist zu rein
Für diese finstre Welt;
Dein Aug' ist zum Verklärungsschein
Gemacht für Tabor's Zelt;

Ach, für den kalten Menschenschwarm,
Der nicht von Liebe weiß,
Dein Herzchen ist zu warm, zu warm,
Dein Herzchen seraphheiß."

Der Bräut'gam sagt's, die Musik schallt,
Hell glänzt vom Hochaltar,
Ein Seraphheer, der Kerzenwald,
Es glänzt so wunderbar;
Tief in Entzückungsschauer liegt
Versenkt der Jungfrau Herz,
Der Bräut'gam kommt, der Bräut'gam fliegt
Mit ihr sanft himmelwärts.

Gewiſſen und Gnade.

Was iſt das für ein Läuten in ſtiller Mitter-
              nacht?
Was iſt das für ein Leben, wo nur der Tod
              noch wacht?

Ein Jüngling eilt zur Stunde zurück in's
              Mutterhaus,
Nach ſündigem Gelage, nach ſündig wildem
              Saus.

Ihm nach die nächt'ge Stille ein Glöcklein
              unterbricht,
Das Grau'n der Nacht durchſchimmert ein fah-
              les Ampellicht.

Der ſanfte Strahl ihn ſchrecket; ihn ſchreckt
              der fromme Klang,
Das ſünd'ge Herz ihm bebet, er eilt in ſchnel-
              lem Gang.

Doch näher hört er's läuten, sieht geisterhaften
Schein,
Der seinen Schatten malet, ihm bebt's durch
Mark und Bein.

Entsetzt weicht er zur Seite, sucht einen düstern
Steg,
Der Glockenton ihm folget, das Licht nimmt
seinen Weg.

Und grauenhafter wird ihm, die Brust durch=
wühlet Sturm,
An seinem Herzen naget der böse Schlangen=
wurm.

Er sieht ein off'nes Gitter, schleicht ängstlich
in's Portal,
Ihm nach ein laut'res Läuten, ihm nach der
bleiche Strahl.

Ihm ist's, als stiegen Geister aus finst'rer
Todtengruft,
Die folgten seinem Schritte unsichtbar durch
die Luft.

Ihm ist, als ob's zur letzten, zur bangen Todesstund'
Ihn schleppen wollt' zum schwarzen, zum grausen Geisterbund.

Er wankt, ohnmächtig taumelt er in ein nah' Gemach,
Wo in den letzten Zügen ein bleich Gerippe lag.

Zu Boden reißt's ihn nieder, er ruft in Todesweh'n:
„O Gott, o Gott, Erbarmen! vergib mir mein Vergeh'n!"

Und eine sanfte Stimme raunt ihm in's Ohr: „Mein Kind,
Ich komme, dich zu suchen, zu lösen deine Sünd'!"

O süßes Wort der Gnade! wie's seine Brust entbrennt!
Er sieht den Priester tragen das heil'ge Sacrament.

Er fällt zu seinen Füßen, bekennet seine
Schuld,
Und preist des Heiland's Gnade, des Hei=
land's ew'ge Huld.

Der fromme Ton der Glocke war ihm kein
Schrecken mehr,
Die nächtlich stille Lampe des ew'gen Lichts
Gewähr.

Er ließ sich nicht mehr suchen; er eilte froh=
gemuth,
Zu laben seine Seele mit Jesu Fleisch und
Blut.

Der hl. Antonius von Padua.

In dem Kloster zu Coimbra
Pflegt Antonius der Kranken;
Keine Mühe, kein Entsagen
Macht des Heil'gen Liebe wanken.
Denkt er: „was ihr Andern thut,
Ist, wie mir gethan, so gut."

Einstmals stand er in der Küche,
Kranken Speise zu bereiten,
Als er in der nahen Kirche
Hört zur heil'gen Wandl'ung läuten;
Hartes Opfer war's für ihn,
Konnt er nicht bei Jesus knie'n.

Denn sein Herz voll Liebesinbrunst
Kannte nur ein heiß Verlangen,
An dem Heiland in der Hostie
Mit dem Blick der Lieb' zu hangen;
Wie die Sonn' sein Herze glüht',
Wenn er am Altare kniet'.

Und er fleh't: Verborg'ner Heiland,
Bin für Dich nur von Dir ferne,
Wie der Hirsch lechzt nach der Quelle,
Säh' Dich, ach, mein Aug' so gerne!
O Allmächt'ger, durch die Wand
Zeig' Dich mir in Priesters Hand!

Plötzlich, sieh', wie Felsen borsten,
Als das Haupt Gott sterbend neigte,
Spaltet' sich die feste Mauer,
Und die Kirche klar sich zeigte,
Wo der Priester am Altar
Bracht' das Sühnungsopfer dar.

Und ein Licht umfloß den Heil'gen,
Und er sah in Brodsgestalten
Jesus zwischen heil'ger Engeln,
Deren Lieder himmlisch hallten,
Und er stimmte selig ein:
Jesus soll gepriesen sein!

Die hl. Elisabeth.

Elisabeth, die fromme Gräfin,
War der Bedrängten Schirm und Hort;
Die Armen und die Kranken fanden
Bei ihr stets Trost in That und Wort.

Im ärmsten Krüppel sah sie Jesus,
Und drum mit sond'rer Lieb' ihn pflegt,
Und auch wohl, um ihn weich zu betten,
Selbst in ihr eigen Brautbett legt.

Des Grafen Mutter drob' ihr grollet,
Und führt den Sohn zum Brautgemach,
Wo von Elisabeth gepfleget
Ein kranker Mann im Bette lag.

Der Graf thut die Gardiene streifen,
Reißt weg das Linnen zornig wild,
Und sieht in seinem Bette liegen
Ein Kreuz mit heil'gem Christusbild.

Der hl. Franziskus von Paula.

In dem schönen Land Italien,
Wo die Sonn' so himmlisch strahlet,
Wo Gott selbst Landschaften malet,
Lebt' der heil'ge Mann Franziskus.

Lebt' fern von der Weltgepränge,
Da, wo's Meer im Sturme tobet,
Und im Sturm den Schöpfer lobet,
Nur zu Gottes Lob und Ehre.

Lebt' ein Paradiesesleben,
So ganz heilig und unschuldig,
Daß sich seinem Dienst geduldig
Selbst die Elemente weihten.

Auf des Meeres wildem Rücken
Er einst aus den Mantel breitet',
Und drauf mit den Jüngern gleitet
Sanft er fort durch Sturm und Wogen.

Doch nicht Paradiesesfreuden
Sucht er auf der wüsten Erde;
Daß gesühnt Schuld Adams werde,
Uebt er aus ein hart Entsagen.

Bretter dienten ihm zum Lager,
Und zum Kissen harte Steine;
Nicht Siciliens gold'ne Weine,
Brod und Wasser nur ihn labten.

Ketten schlossen seine Lenden,
Seinen Leib er geißelt blutig,
Und so schritt er todesmuthig
Fort den steilen Weg des Kreuzes. .

Kam ein Herr, vom Papst gesendet,
Zürnt ihm ob der großen Strenge,
Sprach: der Heil'gen große Menge
Hat nicht deinen Weg gewandelt.

Drob Franziskus eine Kohle
Glühend hat vom Herd genommen;
In der Hand ist sie verglommen,
Nimmer hat sie ihm geschadet.

Siehe, sprach der Diener Gottes;
Wer Gott dient mit frommem Herzen,
Fühlt die Marter nicht und Schmerzen,
Gott in Seligkeit sie wandelt.

Und der Herr ist fortgegangen,
Dacht' wohl still in sich gekehret:
Wer so heil'gem Manne wehret,
Gott dem Herrn selbst widerstehet.

Bruder Aegydius von Assisi.

Was frommt dir alles Wissen, hast du den
Glauben nicht,
Der doch allein die Nebel des Menschengeist's
durchbricht? —
Und wenn du Glauben hättest nur wie das
Senfkörnlein,
Du würdest ohne Wissen ein Thaumaturgus
sein! —

Aegydius war ein schlichter und ungelehrter
Mann,
Der über kein Geheimniß des Glaubens grü=
belnd sann;
Er glaubt' der Christenlehre, glaubt', was Fran=
ziskus sprach,
Und sagt' dem heil'gen Lehrer getreulich Alles
nach.

Er glaubt' an den Dreiein'gen hoch auf dem
Himmelsthron,
Er glaubt' an Jesus Christus, den menschge=
word'nen Sohn,
Glaubt' an die Mutter Gottes, die Jungfrau
rein und treu,
Glaubt', daß einfält'gem Glauben kein Ding
unmöglich sei.

Er sah, wie seinem Meister gehorchten allso=
gleich
Die Vöglein auf den Bäumen, die Fischlein
in dem Teich,

Im Winter Rosen blühten für ihn auf dür=
             rem Strauch,
Er macht' es wie Franziskus, und wirkte
             Wunder auch.

Einst kam ein großer Lehrer, von Zweifeln
             arg geplagt;
„Wie war die Mutter Jungfrau?" so der
             sich grübelnd fragt'.
Aegydius ihn erblickte, und nimmt den Stab
             zur Hand,
Stößt vor des Fremden Augen ihn in den
             dürren Sand.

Und zu dem Zweifler spricht er: „Eh' sie den
             Herrn gebar,
Maria, Mutter Gottes, stets reine Jung=
             frau war!"
Dem Sand die schönste Lilie entsproß zur sel=
             ben Stund;
Der Heil'ge stößt von Neuem den Stab tief
             in den Grund.

Und drauf von Neuem spricht er: „Auch da
sie Gott gebar,
Maria Mutter Gottes und reine Jung=
frau war!"
Und eine zweite Lilie entblüht dem dürren
Sand;
Zum dritten Mal der Heil'ge den Stab nimmt
in die Hand,

Stößt in die Erd' ihn, rufet: „Da Gott
geboren war,
Maria, Mutter Gottes, war Jungfrau
immerdar,"
Und eine dritte Lilie, wie Silber glänzend
rein,
Entblüht dem dürrem Grunde, und glänzt im
Sonnenschein.

Und in den Staub sich werfend der Fremd=
ling spricht gerührt:
„Wie Aarons Stab einst blühend die Juden
überführt,

Wie Moses mit dem Stabe aus Felsen Was=
ser schlug;
So hat dein Stab genommen von mir des
Zweifels Fluch!"

Der hl. Franz Solan.

Hast du das Herz von Sünden rein,
Voll sel'ger Lieb' die Brust,
Dann wirst gewiß du fröhlich sein,
Und singst und springst vor Lust,
Wie David einst zur Harfe sang,
Und vor der Arche tanzt' und sprang.

Ein heil'ger Mann war Franz Solan,
Und liebt' die Jungfrau mild,
Für die er manches Lied ersann,
Vor deren theuerm Bild ·
Mit seiner Geig' er spielt und sprang,
Und jubelnd Lied um Liedchen sang.

Das war ihm Trost in allem Leid,
Das Ruh' nach allem Müh'n,
Das war ihm Himmelsseligkeit
Macht' ihn vor Lust erglüh'n,
Wenn vor Maria's Bild er sprang,
Und mit der Geige spielt' und sang.

Und wenn in Krankheit oder Schmerz
Er Andre traurig fand,
Gleich wußt' er Rath für's kranke Herz,
Nahm gleich die Geig' zur Hand,
Und zu Maria's Lob er sang,
Bis Trost die zage Seel' durchdrang.

Und als ein Büßer ihm verwies
Die große Fröhlichkeit,
Und drob ihm Buß' und Trauer pries,
Da nahm ihn Franz bei Seit',
Spielt zu Maria's Lob so lang,
Bis dieser jubelnd mit ihm sang.

So sang er bis zur letzten Stund'
Froh zu Maria's Ehr',
Und als sich schloß sein Sängermund,
Sang ihm der Engel Heer,
Und unter Engelsharfen Klang
Die Seel' sich froh zum Himmel schwang.

Das sterbende Mütterlein.

Ein altes Mütterlein liegt krank und kommt
        zum Sterben,
Und freut sich herzlich drauf, als wie sich
        Heil'ge freu'n,
Daß nach dem Erdenleid sie soll den Himmel
        erben,
Und droben jetzt bei Gott und seinen Heil'gen
        sein.

Nur Eins macht sie betrübt: „Was soll ich
        denn wohl sagen,
Wenn ich zum Himmel komm' und all den
        Glanz da schau'?

Da werd' ich gar am End' nicht aufzublicken
wagen
Zu Gott und seinem Hof, ich arme alte Frau."

Der Pfarrer hört's und spricht: „Kommst in
den Himmel oben,
Dann sage nur getrost: gelobt sei Jesus Christ!
Und all der Himmel wird anfangen Ihn zu
loben,
Weil das der Engel Freud', der Heil'gen
Krone ist."

Und drauf das Mütterlein getrost ihr Haupt
läßt sinken;
„Gelobt sei Jesus Christ" ruft strahlend sie
vor Freud',
Und stirbt —, doch wie verklärt im Tod die
Augen blinken,
Weil's laut im Himmel tönt: „In alle Ewig=
keit!"

———————

Die hl. Thais.

Auf dieser weiten Welt ist keine Seele,
Der Gott nicht viele Gnaden hat geboten,
Und jeder Seele ist ein Platz bereitet
Im Himmel, woran Engel immer wachen
Daß er ihr nicht verloren gehe; Jeder
Kann, wenn er will, der ew'gen Lust genießen.
In einer Stadt Egyptens, nah' der Wüste
Thebaidis, wo Gebets und strenger Buße
Die Väter pflegten, lebte Thais, schöner
Als sie, war keine wohl zu finden. Doch ach,
Die Schönheit, dieser heil'ge Glanz des Him=
                                        mels,
Den das Geschöpf vom Schöpfer hat empfangen,
Und der zum Schöpfer unser Herz sollt' heben,
Der selbst der Schönste ist, sie wird nicht selten
Ein Fallstrick für die Seele; Thais
Lebt' in der Sünde, lockt' zur Sünde Viele,
Bis sie Paphnutius, der Greis, gemahnte,

Der strengen Rechenschaft, die Gott einst fordert.
Da hat sie sich in stiller Zell' verschlossen,
Und strenge Buß' gewirkt, und sich nicht würdig
Erachtend, Gottes Namen auszusprechen,
Hat sie gerufen: „Schöpfer, hab' Erbar=
               men?"
Drei lange Jahre hat in Angst und Bangen,
Den Blick vor Scham zur Erde nur gerichtet,
Sie zugebracht, geseufzt, geweint, gerungen,
Des Himmels werth zu sein, den sie verloren.
Doch kehrt der Friede nicht, den reine Seelen
Als Unterpfand des Himmels kosten; lange
Muß mit dem Messer scharfer Buße, mit dem
Gewalt'gen Feuer bitt'rer Reu gerodet
Das Unkraut werden, das im Herzen wuchert,
Eh' wieder unser Herz das linde Thauen
Des Himmels und den sanften Schein der
               Gnade
Im Innern spürt. — Papheutius hat Er=
               barmen
Und wendet an Antonius sich, den Heil'gen
Daß seine Jünger alle beten sollten,

Was Gottes Rathschluß sei mit Thais, zu
wissen.

Und als jetzt Alle rangen im Gebete,
Und ihr Gebet wie süßer Rauch zum Himmel
Auf von der Wüste stieg — von reinen Seelen
Durchdringt das Fleh'n die Wolken — als sie
So rangen im Gebet, da plötzlich öffnet
Der blaue Himmel sich vor ihren Augen,
Und in dem Glanz', den sonst kein Aug' ge-
sehen,
Der sonst in keines Menschen Herz gedrungen,
Erblicken sie ein Ruhebett, aus Stoffen,
Die mehr, als Gold und Silber und Juwelen
Und was die Welt kennt, glänzten, zubereitet
Für Thais, die Büßerin, und um die Truhe
Drei Jungfrau'n standen, himmlische Gestalten,
Wie Schnee so weiß, und leuchtend wie die
Sonne,
Die Thais' Ruhebett bewachten. Eine,
Gar ängstig lugend, daß in graue Tiefe,
In die vom Himmel einst der Engel höchster
Gestürzet war, nicht Thais Truhe stürze;

Und diese Jungfrau mit dem bangen Blicke
Hieß „Furcht" vor den zukünft'gen Straf=
       gerichten,
Die Thais zurückgeführt vom Weg der Sünde.
Die zweite senkt' das Aug' zur Erde, schüchtern,
Als wie ein Kind, man nannt sie „Scham"
       ob früher
Begang'ner Sünden, die Verzeihung wirkte.
Die dritte schmachtend ihre Blicke heftet
Auf Gott und seine Heil'gen, als ob trinken
Sie wollt' die schönen Züge, die so göttlich
Aus ihrem ganzen Wesen, ihrem Leben
Erglänzten, „Jugendliebe" war ihr Name,
Die Thais' Gedanken stets gen Himmel lenkte.
Drauf eine Stimm' erschallt vom blauen Aether
Voll Himmelswohlklang: „Alles ist ver=
       geben!"

Paphnutius hat das Wunder bald erfahren,
Und eilet hin zu Thais, den Trostesbalsam,
Des Himmels frohe Botschaft ihr zu bringen,
Daß fortan sie, in süßem Seelenfrieden,
Nicht mehr gedenkend früher Jugendsünden,

Sich ganz der Hoffnung hingeb' künft'ger
Wonnen.

Doch also sprach die Büßerin: „Ich schwöre
Vor Gottes Antlitz, daß ich meine Sünden
Vor Augen hatte, wie in einer Schaale,
Und immer ihrer denkend, Thränenströme
Vergoß vom Morgen bis zum späten Abend,
Und dann mein Lager noch mit Thränen netzte.
Und hat mir Gott auch lange schon vergeben,
So lang' ein Hauch sich meiner Brust ent-
windet,
Wird er ein Seufzer sein, und werden Bäche
Von Zähren sich dem trüben Aug' entwinden
Ob früh'rer Sünden.“ Also sprach sie. Aber
Gott war gesühnt; nach wenig Tagen schwebte
In weißem Kleid — denn eine zweite Taufe
Ist wahre Buß', und eine Seel', die lange
Gesühnet hat, ist gleich der reinsten Unschuld —
Sie schwebt' gen Himmel, während Engel
sangen:

„O wer ist die, so aufsteigt von der Wüste
Voll Lieblichkeit? — Eröffnet euch, ihr Thore

Des Himmels, Thais, die Büßerin, will ein-
zieh'n,
Um ewig nun auf goldner Truh' zu rasten!"

Die Lehre des Makarius.

Kam ein Jüngling zu Makarius;
„Vater, sagt' er, zeige mir die Bahn,
Drauf ich wandeln kann mit sicherm Fuß
In des Lebens Wechsel himmelan."

Und der Greis sprach: „Geh' zur Todten-
gruft,
Auf die Todten werfe Stein um Stein,
Schelte sie, daß drob erdröhn' die Luft;
Was sie sagen, soll dein Wahlspruch sein."

Jener wundert sich und treulich thut,
Was der fromme Meister ihm gesagt;
Doch die Todten haben still geruht
Ob der Unbill keiner hat geklagt.

Drauf Makarius von Neuem lehrt:
„Geh' zur Gruft, den Todten schmeichle sein,
Lob' sie, wie's dein eigen Herz begehrt;
Was sie sagen, soll dein Wahlspruch sein."

Jener wundert sich und treulich thut,
Was der fromme Lehrer ihm gebeut;
Doch die Todten haben still geruht,
Ob des Lob's hat keiner sich gefreut.

Drob der Greis: „Die Todtengruft dich lehrt:
Wie die Todten sei der Erde todt;
Lob und Tadel sei dir ohne Werth,
Und in Allem Schweigen dein Gebot!"

———

Der hl. Ephrem von Antiochia.

Fühlst du den Durst nach Seelen
Gleichwie der gute Hirt,
Und lässest du's nichts fehlen
Zu suchen, was verirrt;

Dann werden dir auch Wunder
Wohl zu Gebote steh'n,
Die als ein mächt'ger Zunder
Tief in die Herzen geh'n.

Sanct Ephrem, treuer Hirte,
Hört, daß Stylites sich
Von Jesu Lehr' verirrte,
Und weint drob bitterlich.

Bald hat er ihn gefunden,
Und als ein guter Hort
Träuft in des Freundes Wunden
Er balsamlindes Wort.

Doch der weist ihn von dannen,
Will Wunder für Beweis,
Weil Ephrem's Thränen rannen
Vor Kummer siedendheiß.

„Laß' einen Holzstoß glühen,
Wir geh'n zumal hinein,
Und wen die Flammen fliehen,
Nur der soll Sieger sein!"

So sprach Stylites, dachte,
Sein Gegner wag' es nicht,
Und Schadenfreude lachte
Aus falschem Angesicht.

Doch Ephrem niederknieet,
Und fleht zu Gottes Sohn;
Ha, wie sein Auge glühet!
Er spricht im Feierton:

„Nicht ziemt sich's Gott versuchen;
Doch sei dein Wunsch gewährt!"
Er ging das Holz zu suchen;
Bald loht der Feuerherd.

Sprach: „Steig' nun in die Flammen,
Wie du's verlanget hast!"
Stylites fährt zusammen;
Ihn reut die blinde Hast.

Da nimmt Ephrem die Robe,
Und wirft sie in die Gluth;
Ob wild die Flamm' auch tobe,
Die schont des Feuers Wuth.

Lang brennt es ungeheuer,
Bis rings das Holz verzehrt;
Doch Ephrem aus dem Feuer
Das Kleid nimmt unversehrt.

Spricht: „So die Flammenpforten
Der Höll' die Kirch' bedreu'n;
Doch sie bleibt aller Orten
Von Satans Irrthum rein.

Und willst den Feuerpfeilen
Der Hölle du entgeh'n,
So mußt du sonder Weilen,
In Christi Kirche geh'n!"

Wohl hört's Stylit mit Schaudern;
Doch sieht er seinen Fehl,
Und eilet, ohne Zaudern,
Zu retten seine Seel.

———

Hiawatha's Gruß
bei der
Ankunft Daniel's und Marquette's
an den
Ufern des Gitche Gumme.
(Nach Longfellow.)

Von dem weiten Lande Wabun,
Von des Morgens fernsten Grenzen,
Kam der Schwarzrock, der Prophete,
Bleichgesicht, Gebetes Priester,
Mit den Führern und Genossen.
Und der edle Hiawatha
Hielt die Hände hoch erhoben
Zum Willkommnen ausgebreitet,
Wartet' voller Herzensjubel,
Bis der Rindenkahn mit Rudern
Rieb sich an den klaren Kieseln,
Strandet' an dem sand'gen Ufer,
Bis das Bleichgesicht, der Schwarzrock,
Mit dem Kreuz auf seinem Busen
Landet' an des Ufers Sande.

Dann der frohe Hiawatha
Schrie laut auf und sprach die Worte:
„Herrlich ist die Sonn', o Fremde,
Da ihr kommt so fern her zu uns!
Unser Ort harrt friedlich euer,
Offen steh'n euch unf're Thüren,
Geht in unf're Wigwams Alle,
Unser Herz ist euch erschlossen."
Und der Schwarzrock gab zur Antwort,
Stammelnd in der Sprach' ein wenig,
Und der Sinn war uns nicht deutlich:
„Friede sei dir, Hiawatha,
Friede dir und deinem Volke,
Fried' des Glaubens, der Versöhnung,
Friede Christi, Freud' Maria's!"

Vermischte Gedichte.

Schutz- und Trutzbündniß.

Den Katholiken = Versammlungen Deutschlands
gewidmet.

Ihr Völker dort über dem Meere
Reicht euere Hand uns her,
So stehen wir fest zusammen
Ein einiges Christenheer;

Ob auch die Wasser uns trennen,
Schlägt Herz an Herz doch warm;
Wir halten uns fest umschlungen
Mit riesigem Geisterarm.

Es flechtet sich eine Kette,
Der ganzen Welt Gesang,
Das Beten aller Völker,
Das sich zum Himmel schwang.

Von einem Haupte regieret,
Viel Glieder an einem Leib,
So bilden wir einen Körper,
Ein strahlendes Himmelsweib.

Von einem Geiste belebet,
Von einem belebenden Blut
Durchströmet, so steh'n ein Mann wir
Genüber der Schlangenbrut.

Zu kämpfen sind wir berufen,
Zu schlagen mit himmlischen Feu'r
Den tausendgliedrigen Lindwurm
Das höllische Ungeheu'r.

Ob's alle Glieder auch reget,
Aus tausend Höhlen uns droht,
Aus allen Gelenken sein Gift speit,
Aushauchend Verderben und Tod;

Wir können nimmer erliegen;
Ha, blickt nur zum Himmel empor!
Die Völker dort über den Sternen
Sind unser Bundes=Chor!

Die Völker dort über den Sternen
Sie reichen uns freundlich die Hand;
So steh'n ein Heer wir zusammen
In geistigem Bruderband.

Scheint Tod und Grab uns zu trennen,
Ein einiges Haus uns umschließt,
Das, hier auf dem Felsen gegründet,
Hoch oben den Himmel begrüßt.

Wer kann die Veste bezwingen?
Tobt unten auch blutiger Krieg;
Ha, hört, wie's die Lüfte durchdröhn't
Das Lied: „Für uns ist der Sieg!"

Des Hauses Gipfel im Himmel
Ist ewig und stürzet nicht ein;
So kann auf demselben Sockel
Das Haus nur ewig sein!

Ja, Völker dort über dem Meere,
Reicht euere Hand nur her,
Die Völker dort über den Sternen
Sind unser Bundesheer! —

O Priester, wer bist du?

Du bist Christus, da mit heil'gem Oele
Gott dich salbt' vor vielen deines Stammes,
Daß du nach Melchisedech auf ewig
Opferpriester seist des Gotteslammes.

Du bist Christus, sprichst du am Altare:
„Nehmt, dies ist mein Leib, für euch gegeben.
Trinkt, dies ist mein Blut, das Blut des Bundes,
Wer's genießt, der hat das ew'ge Leben."

Du bist Christus, predigst du dem Volke:
„Kommet zu mir, die ihr schwer beladen,
Ich will euch den Weg des Friedens zeigen,
Euch erquicken an dem Born der Gnaden."

Du bist Christus, wenn du sprichst zum
       Sünder:
„Macht ist mir, zu lösen und zu binden;
Drum im Namen des dreiein'gen Gottes
Geh', vergeben sind dir deine Sünden."

Du bist Christus, hast du die Gemeinde
Als ein schweres Kreuz auf deinem Rücken,
Wankst den steilen Weg des Lebens, seufzest,
Meinst, die Last, sie müsse dich erdrücken.

Du bist Christus, wenn im letzten Kampfe,
Deines Volkes Sünden auf dem Herzen,
Wie der Gottmensch im Olivengarten
Du dich krümmst in grausen Todesschmerzen.

Du bist Christus, wirst einst auferstehen,
Wirst am jüngsten Tag auf lichter Wolke,
Wenn der Richter richtet alle Welten,
Richtend sitzen über deinem Volke.

Du bist Christus, hör' es, Priester Gottes!
Lasse von der Höll' dich nimmer knechten,
Kämpf' und leide, daß der Herr einst spreche:
„Komm' und setze dich zu meiner Rechten!"

Du bist Christus! Hört es alle Völker:
„Wer dich hört, der höret meine Stimme,
Wer verachtet dich, o mein Gesalbter,
Strafen werd' Ich ihn in meinem Grimme."

Du bist Christus! — Laßt mich, laßt
           mich sinken
Staunend in mein Knie, den Herrn zu loben,
Der den armen Wurm vom Erdenstaube
Zu den Fürsten seines Volks erhoben! —

—————

Ecce homo.

O ihr tausend Millionen
Sünder aller Zeiten, Zonen,
Vom Stammvater dieser Welt
Bis zum letzten, der vom Weibe
Kommen wird mit sünd'gem Leibe,
Eh' das All' in Staub zerfällt.

Menschen, wie sie Gott sich dachte,
Und im Paradies sie machte,
Draus sein Bild voll Klarheit spricht,
Menschen, drin sein heilig Wesen
Gott im Abglanz konnte lesen,
Solche Menschen seid ihr nicht.

Millionen Adamskinder,
Alle seid ihr arme Sünder,
Habt verloren euren Kranz,
Habt verscherzt mit Menschenschöne
Auch das Recht der Menschensöhne,
Gott zu schau'n in seinem Glanz.

Nur ein Einz'ger kann auf Erden
Vorbild für die Menschheit werden,
Er, dem galt Pilatus' Ruf:
„Seht den Menschen!" Menschen, Brüder,
Seht den wahren Menschen wieder,
Wie ihn Gott in Eden schuf! —

Er allein in irb'scher Wildniß
Stellt des heil'gen Schöpfers Bildniß,
Wie Er's schaffend dachte, dar,
Zeigt uns, wie wir werden sollen,
Wenn wir wieder werden wollen,
Was der Mensch in Eden war;

Wie wir trotz dem Fluch der Sünden
Wieder können Gnade finden
Als des Schöpfers Ebenbild,

Wieder stillen das Verlangen,
Gott zu seh'n und zu umfangen,
Der der Seele Sehnsucht stillt.

O, drum seht den Menschen, sehet,
Und nach seinem Vorbild gehet
Durch das Erdenleben wild,
Daß ihr Menschen werdet wieder,
Gott vom Gnadenthron hernieder
Auf euch seh' als auf sein Bild;

Daß ihr einst im ew'gen Sohne
Seht den Menschen auf dem Throne
Seiner ew'gen Herrlichkeit,
Drauf' der Vater Ihn erhoben,
Daß Ihn alle Menschen loben
Selig durch die Ewigkeit. —

Sorget nicht ängstlich!

Warum, armes Menschenherz,
Quälst du dich mit Sorgen,
Machst dir so viel Leid und Schmerz
Um den Tag von morgen?

Denke, daß ein jeder Tag
In des Lebens Kette
Hat für sich genug der Plag',
Eh' du gehst zu Bette.

Schlag' die Sorgen in den Wind,
Die dich nutzlos drücken,
Lerne wie das kleine Kind
In die Zukunft blicken.

Sieh' die Vöglein auf dem Feld
Sorglos scherzen, springen,
Unter'm blauen Himmelszelt
Gott ihr Liedchen singen.

Säen nicht, und erndten nicht,
Haben keine Diele,
Finden doch ihr süß Gericht,
Körner, Würmchen viele.

Und die Blümlein auf dem Plan
Spinnen nicht, noch weben,
Doch wie sie war angethan
Sal'mon nicht im Leben.

Wenn nun Gott die Blümlein schmückt,
Vöglein gibt zu essen,
Kann, der Alles so beglückt,
Deiner wohl vergessen?

Sorge drum nicht ängstlich stets
Um den Tag von morgen;
Dir zum Besten immer geht's,
Gott wird für dich sorgen.

Suche du das Himmelreich,
Sorge, gut zu leben,
Alles Andre wird dir gleich
Reichlich zugegeben. —

Epithalamium.

Liebes Pärchen! Gott hat euch berufen,
Daß ihr schließet vor des Altars Stufen
Den geweihten Seelenbund,
Der zuerst im Paradies geschlossen,
Heil'ger dann auf Golgatha entsprossen
Ist des Heilands Herzenswund!

Seht, der Altar, dran ihr niederknieet,
Von des Himmels Gnadenlicht durchglühet,
Wird für euch zum Paradies,
Priesters Wort, das bindet eure Seelen,
Stimme dessen, der, sich zu vermählen,
Unsres Stammes Eltern hieß.

Wie auf sie Gott liebend niederschaute,
Sie mit reichstem Gnadenthau bethaute,
Lieb' und Treu' und Kraft und Muth
Eingoß ihrem Herzen, ihrem Willen,
Treu des Bundes Pflichten zu erfüllen
In der Gnade steter Hut;

So kommt Gott mit seinem reichsten Segen
Vom Altare selber euch entgegen
Schimmernd in des Priesters Hand,
Euch mit seinem Gnadenquell zu tränken,
Selbst in eure Herzen sich zu senken,
Selbst zu knüpfen euer Band.

Und so wird Gott auch im fernern Leben
Wiederholt sich euern Herzen geben,
Bis zum Tod' die Gnad' erneu'n,
Immer enger diesen Bund der Jugend
Knüpfen mit dem Band der höchsten Tugend,
Der sich eure Herzen weih'n.

O, so muß im Glück das Leben fließen,
Müssen ew'ge Friedensblumen sprießen,
Muß selbst Gall' und Wermuth süß,
Müssen Wonnen werden Joch und Pflichten.
Muß sich alles Erdendüster lichten,
Erdennacht zum Paradies.

Schrecket nicht, daß ich von Dornen spreche,
Wo die Rosen ich zum Kranze breche:
Dornen sind der Erde Theil;

Joseph und Maria mußten leiden,
Doch aus Leiden blühten Himmelsfreuden,
Und aus Dornenkronen Heil.

Denn wie auf dem Schleh die Blüthendolde
Ruht' in ihrer Mitt' das süße, holde
Jesulein, so gnadenreich,
Ach, dasselbe, das sich voll Erbarmen
Von euch beiden heute ließ umarmen,
Ewig bleiben will bei euch.

Haltet Jesus stets in Lieb' umschlungen,
Dann wird euch, von seiner Lieb' durchdrungen,
Erdennacht zum gold'nen Tag;
Und wenn Gott ein Pfand der Lieb' euch schenket,
Pflegt's, als wär' es Jesus selber, denket,
Wie so herzlich Jesus sprach:

„Was ihr einem thuet dieser Kleinen,
Wird dereinst wie mir gethan erscheinen,
Und belohnt mit meinem Lohn!"
Jedes Kind, daß ihr für Gott erziehet,
Daß es einst im Engelreigen blühet,
Wird für euch zur Ehrenkron'!

Liebes Pärchen! wallt denn durch das Leben,
Von des Himmels mächt'gem Schutz umgeben,
Von der reinsten Lieb' gelenkt,
Bis ihr einst in ew'gen Liebeswonnen
An der ew'gen Liebe Feuerbronnen
Ewig eure Herzen tränkt! —

Utopien.

In der Aula einer hohen Schule
Sammelt sich das Corpus der Gelehrten;
An der Spitze sitzt auf gold'nem Stuhle
Der Magnificus, den Alle ehrten;
Neben ihm im Kreis die Professoren,
Schön frisirt, bemäntelt, und mit spitzen
Vatermördern, lang wie Midasohren,
Auf damastbehang'nen rothen Sitzen.
Würdevoll erhebt sich nun der Meister:
„Hochgelehrte Herren des Senates,
Weltberühmte, aufgeklärte Geister,
Stärkste Säulen an dem Bau des Staates,

Eine wicht'ge, soziale Frage
Hat uns in der Aula heut vereinet,
Wie die ökonomisch schlimme Lage
Uns'rer Welt ihr zu verbessern meinet.
Lang' hab' ich die Frage tief studiret,
Und das Resultat so mancher Stunde
Harter Arbeit sei nun statuiret:
Täglich macht die Sonne ihre Runde
An des Himmels hochgespanntem Bogen;
Recte quidem, doch ich kann's nicht preisen,
Daß, wenn sie den Himmel hat durchzogen,
Statt denselben Weg zurückzureisen,
Sie sich hält die ganze Nacht verborgen,
Das den Philanthropensinn muß schmerzen;
Elenim vom Abend bis Morgen
Braucht's viel Oel und Lampen, Wachs und
Kerzen,
Und das Büdget muß darunter leiden.
Darum, mein Herrn, sei nun beschlossen,
Daß die Sonn' die Unterwelt soll meiden,
Fortan jeden Abend unverdrossen
Wieder machen soll dieselbe Wendung,

Daß ein ew'ges Licht der Erde leuchte;
Aufklärung ist uns're hohe Sendung.
Dixi." Drauf der Rektor sich verbeugte,
Und die Herren all', die Professoren,
Würdig ihrer steifen, spitzen Kragen
— Ganz das Bild der langen Eselsohren —,
Ja, ja, ja in großem Chorus sagen.
Unterdessen hat die Sonn' vollendet
Bis zum Westen ihren Lauf des Lichtes;
Aber hat sie sich zurückgewendet
Nach des akademischen Gerichtes
Wicht'gem Machtspruch? Leider, nimmer, nim=
                mer;
Sie geht auf und unter immer, immer.

*   *

Die Moral? — Es gibt der Thoren viele,
Die voll Dünkel Gott gebieten wollen,
Wie Er's Weltenrad zu besserm Ziele,
Als vorher, soll fortan lassen rollen.

Aber Gott läßt sich im Lauf nicht hemmen,
Geht der Sonne gleich auf gleichen Wegen,
Bis die Thoren, wie sie sich auch stemmen,
Endlich sich in's finst're Bette legen.

Der neumodische Himmel.

Danke höflichst für so saubern Himmel,
Wie die Philanthropen ihn sich malen,
Wo zumal im buntesten Gewimmel
Neben Jungfrau'n feile Metzen dahlen.

Wär' mir auch ein schöner Zauberpalast,
Drin man an Demant und Perlen reihet
Eklen Schmutz und allen Sündenballast,
Den wohlweislich selbst die Welt ausspeiet.

Menschen gibt es, die im Chor der Engel
Schlimmer aussäh'n, wären sie dazwischen,
Als bei Königskindern Straßenbengel,
Als der Spiering bei den besten Fischen.

Lägen auch zur Rechten und zur Linken
Stör', Forellen, Karpfen, Hechte, Salme,
Blieb' der Stint doch Stint, und würde st —
Wie Mephistoph'les im Schwefelqualme.

Nein, wo Licht ist, passet nicht das Schwarze,
Nicht zu Michael der Höllenlümmel;
Macht den Himmel nicht zur leeren Farce,
Oder nennt die Hölle selber Himmel.

An die Frauen.

Ihr armen Frauen habt wohl viel
Auf Erden leiden müssen,
Seitdem der Frauen erste hat
Den Apfel angebissen.

Zu Sclaven ward ihr worden gar
Für eure eig'nen Söhne,
Zehn Frauen wegen einen Mann
Trotz Weiberreiz und Schöne.

In unserm alten Deutschland selbst,
Berühmt durch schöne Frauen,
Mußt', wenn der Mann den Meth verzehrt,
Die Frau das Land bebauen.

Und dazu konnte jeder Mann
In diesen schlimmen Tagen,
Wenn ihn die kleinste Laune quält',
Der Frau den Dienst aufsagen.

Ja, noch seh' ich bei Türk' und Heid'
Und Brigham Young's Mormonen
Viel Weiber unter einem Dach
Mit einem Manne wohnen.

Noch in der aufgeklärten Zeit,
In aufgeklärten Landen
Kriegt manche Frau das Reisegeld,
Steht vor der Welt in Schanden.

Nur seit die neue Eva kam,
Die Mutter wahrer Frauen,
Kann jede Tochter frank und frei
Dem Mann in's Auge schauen.

Nur wo die neue Eva wird
Als Mutter hoch geehret,
Ist's, zu verwerfen seine Frau,
Dem stolzen Mann verwehret.

So weit Maria's Name hallt,
Hör' ein Gesetz ich nennen,
Ein Mann, ein Weib, ein Fleisch und
       Blut,
Der Tod nur kann sie trennen.

Ihr Frauen all', o hört mir zu:
Die Würde eures Stammes
Der Mutter nur verdankt ihr sie
Des heil'gen Sühnungsstammes.

Drum seid auch keine Even mehr,
Laßt still die Aepfel blühen,
Greift nach der Frucht am Kreuzesstamm
Seid allesammt Marien! —

Irrthum und Wahrheit.

Auf dem Meere schwamm ich bei New Found-
        land's Bänken,
Wo sich ew'ge Nebel auf die Fluthen senken;
Grau war rings die Luft, man sah kein nahes
        Schiff,
Warnend nur gellt durch die Nacht manch
        greller Pfiff.
Stunden floh'n, drei lange Tag im grausen
        Dunkel
Sah' mein Aug' noch Sonn', noch Mond, noch
        Sterngefunkel,
Selbst die Wasser, heulend bei des Sturmes
        Weh'n,
Waren in dem schwarzen Nebel nicht zu seh'n.
An dem Dahlbord stand ich, voll von Nacht-
        gedanken,
Fühlt', ein Schiff im Sturm, den Geist des
        Muthes schwanken;

Hierhin, dorthin sandt' ich forschend meinen
Blick:
Wird mir einmal noch zu Theil das süße Glück,
Leuchtend durch die Nacht das holde Licht zu
sehen,
Oder muß ich trostlos hier zu Grunde gehen? —
Plötzlich dämmert's, schimmert's durch die finstre
Nacht,
Und im Nu zeigt sich die Sonn' in hehrer
Pracht;
Alles schwimmt im Licht! — Ich athme leich-
ter wieder,
Und erfüll' die Luft mit Klängen meiner
Lieder:
Ist der Nebel, ist die Wolke noch so dicht,
Nur Geduld! sie wird durchdrungen von dem
Licht! —

*   *   *

Jahre waren schon seit jenen düstern Stunden
In dem Meer' der Zeit wie Dunst vor'm Licht
verschwunden;

Schon hatt' ich Amerika gesehn, die Schaar
Secten auf ihm lagern als ein schwarzer Mahr:
Was ich sah, war Nacht; nur hin und wieder
pfiffen
Grelle Tön' als Lebenszeichen wie auf Schiffen.
Meine Schläfe stützt' ich muthlos auf den Arm:
Nimmer, dacht' ich, wird es Licht in diesem
Schwarm!
Aber sieh', wie Blitz in Nacht und finstern
Wettern,
Fühl' ich einen Strahl die Zweifel mir zer=
schmettern:
Denke jener Zeit, wo finst'res Heidenthum
Lagert' auf dem weiten Erdball um und um,
Ganze Völker in den Götzendienst versunken,
Wollusttaumelnd und vom Blute waren trunken!
Schien es möglich, daß die finst're Heidenwelt
Würd' urplötzlich von der Wahrheit Licht er=
hellt? —
Als des Irrthums Heid'rauch in den dicksten
Schichten
Lastet' auf der Menschheit, daß selbst sie zu lichten

Nicht vermochten alle Weisen jener Zeit,
Da drang Christi Licht durch Nacht und Dunkel-
heit,
Und von seinem Wort erhellt, als gold'ne
Sterne,
Strahlten seine Jünger Licht in alle Ferne;
Was unmöglich einst prunkvollstem Redeschwall,
Thaten sie; in alle Welt ging aus ihr Schall,
Und das Antlitz dieser Erd' ward umgestaltet,
Christi segensreiche Lehr' in allen Ländern
waltet'.
Warum willst du denn verzagen ob der Noth
Dieses Landes? — Der Erstand'ne ist nicht
todt! —
Nur Geduld! sein Licht und seine mächt'ge
Wahrheit
Dringt noch einmal plötzlich durch mit Sonnen-
klarheit;
Wenn die Noth am höchsten, wird sein Wort
gedeih'n:
„Und es wird ein Hirt und eine Heerde
sein!" —

Am Grabe eines unschuldigen Kindes.

O weinet, gute Mütter, nicht,
Wenn euch ein Kindlein stirbt;
Gott ruft es zu dem ew'gen Licht,
Eh' es die Welt verdirbt.

Eh' es befleckt von ird'scher Schuld
Auf Erden leiden muß,
Ruft Gott, der Vater, es voll Huld
Zum himmlischen Genuß.

Nur weil's ein Liebling Gottes war,
Nahm Er es weg von hier,
Auf daß es frei sei von Gefahr,
Den Himmel nie verlier'.

O denkt, wie viele Dornen sind
Gepflanzt in's Erdenthal!
Vielleicht hätt' leiden euer Kind
Gemußt ohn' Maß und Zahl!

Wie wen'ge Herzen bleiben frei
In dieser Welt voll Sünd'!
Vielleicht wär' Gott dem Herrn nicht treu
Geblieben euer Kind!

O weinet, gute Mütter, nicht,
Wenn euch ein Kindlein stirbt;
Gott ruft's, eh' Leid sein Herze bricht,
Eh' es die Welt verdirbt.

Gott ruft's, daß es als Engel schweb'
Zum Himmel rein empor,
Dort ewig bei den Engeln leb',
Und sing' im Engelchor.

Gott ruft's, daß es als Engel fleh'
An seinem Gnadenthron
Für euch, daß euch kein Leid gescheh',
Euch werd' die ew'ge Kron.

Drum weinet, gute Mütter, nicht,
Wenn euch ein Kindlein stirbt,
Daß im Gebet um's ew'ge Licht
Für euch beim Vater wirbt.

*   *   *

Wie freut mein Herz sich allemal,
Senk' ich ein Kind in's Grab,
Daß ich mit heil'gem Wasserstrahl
Für Gott geboren hab'!

Ich weiß, daß es als Engel steht
In Gottes Strahlenschein;
Ich weiß, daß es als Engel fleht,
Für mich und die Gemein'. —

O Seele.

O Seele, Gottes Ebenbild,
Geschmückt mit Gottes Gnad' und Schild,
Wie bist du doch so hoch gestellt,
Viel höher, als die ganze Welt!

Du staunest ob der Sterne Pracht;
Ob Goldesglanz in Bergesschacht,
Bewunderst das erhab'ne Meer,
Der Erde Schönheit rings umher.

Doch wisse, daß du schöner bist,
Als Alles, was geschaffen ist,
Als Erd' und Mond und Sonn' und Stern,
Nur unter deinem schönsten Herrn.

Wenn gleich so mancher Himmel wär',
Als Tröpfchen sind im großen Meer,
Als Körner in dem Wüstensand,
Als Stäubchen weit im Erdenland;

Und jeder Himmel wär so schön,
Daß Schön'res nie das Aug' geseh'n,
So wiß', daß all die Schönheit nicht
Gleichkommet deinem Glanz und Licht.

Das ganze All wiegt dich nicht auf;
Für dich ist aller Sterne Lauf,
Für dich die Erd' und was sie hat,
Für dich die schönste Himmelsstadt.

Doch was weit mehr, als Alles ist,
Für dich vergoß Herr Jesus Christ,
Am Kreuzesstamm sein kostbar Blut,
Und gab sich selbst, das höchste Gut! —

Sehnsucht.

Mein armes Herz, was wogest du?
Was läßt dich ohne Glück und Ruh'? —
Ach, ach, so lang du Gott nicht hast,
Fehlt dir's an Glück, fehlt dir's an Rast.

Denn was die Welt an Schönheit hat,
Das macht ein Menschenherz nicht satt,
Ein Menschenherz, das stets begehrt,
Und wär die Welt ihm ganz bescheert.

Weil es gemacht für Gott allein,
Muß ja sein Durst unendlich sein,
Und bleibt unendlich ungestillt,
So lang es nicht von Gott erfüllt.

O Gott, dort in der Ewigkeit,
Wie groß muß dort das Herzeleid
Der Seele sein, die ewig leer!
O ewig ungestilltes Meer! —

O Gott, o Gott, ich will zu Dir,
Und kost' es Alles, Alles mir;
Denn gegen Dich ist Alles nichts,
Du einz'ger Quell der Ruh', des Lichts.

O, komm' zu mir! mein armes Herz
Vergeht vor Sehnsucht, Gram und Schmerz.
O komm', mein Gott, erfülle mich,
Und stille, stille, stille mich! —

Das gefallene Schäflein.

Viele tausend Schäflein geh'n
Auf des Himmels Weide,
Kannst sie jeden Abend seh'n
Schimmernd hell vor Freude.

Eines von den Schäflein war
Gar so arg gefallen,
Weil's dem Wolf geglaubt sogar,
Fiel's in seine Krallen.

Ach, da lag's so jämmerlich,
Hatte kaum mehr Leben;
Selber konnt' es nimmer sich
Von dem Fall erheben.

Wenn's die andern Schwestern sah
Froh im goldnen Scheinen,
Ach, das arme Lämmlein, da
Konnt's nur immer weinen.

Doch der gute Hirte wollt'
Schäflein nicht verlieren,
Ob Er ihm auch schmollt und grollt,
Daß sich's ließ verführen.

Rief ihm gleich so tröstlich zu,
Daß sich's sollt' ermannen,
Trieb mit seinem mächt'gen Schuh
Gleich den Wolf von dannen.

Stieg dann selber wohl hinab
In die tiefen Klüfte,
Brachte Schäflein aus dem Grab
In die frischen Lüfte.

Wasch ihm seine Wunden hell,
Trocknet' seine Zähren,
Tränkt's mit klarem Himmelsquell,
Nährt's mit Himmelsähren.

Und die andern Schäflein all
Auf des Himmels Weide
Kamen wohl in frohem Schwall,
Sangen laut vor Freude:

„Mehr, als ob sich keins verirrt,
Ist's für uns Behagen,
Wenn's verlor'ne Schäflein wird
Glücklich heimgetragen." —

Warnung.

(Aus dem Holländischen.)

Schleußt der Begierd' des Herzens Thor:
Sie lauert, lauert, einzufahren.
Schiebt eurem Aug' den Riegel vor,
Wenn ihr die Seel' wollt rein bewahren:
Denn wenn Begierd' in's Herze reißt,
Sich ihr Verderb und Jammer paaren,
Was ewig quält und ewig beißt.
Die Dinge sind nicht, wie sie scheinen:
Im schönsten Obst der Fruchtwurm klaubt,
Und Gift sich birgt in Blüthenrainen.
Es fällt sehr leicht, wer leichtlich glaubt:
In Paradiesen nisten Schlangen,
Und Schlangen züngeln über'm Haupt,
Wo golden blüh'nde Aepfel hangen;
Bewahrt der Finger gier'gen Wahn,
Und faßt den Tod nicht mit dem Zahn.

Des Priesters Beruf.

Meinem liebsten Bruder Ludwig gewidmet zu
seiner heiligen Priesterweihe.

(Pfingsten 1862.)

O Priester, du sollst Christus sein
Auf allen deinen Wegen,
Dann wird dein heilig Werk gedeih'n
Im reichsten Himmelssegen.

Dein Beispiel glänz' auf düsterm Steg
Als wie die Sterne scheinen,
Dann bist mit Christus du der Weg,
Der führt zum wahren Einen.

Mit Gottes Wort, ein heil'ger Held,
Sollst Herzen du durchbohren,
Dann bist mit Christus du der Welt
Die Wahrheit, die verloren.

Und was der Herr dir voller Huld
Im Sacrament gegeben,
Erquick' damit, erlös' von Schuld,
Mit Christus sei das Leben.

Doch über Alles glüh' vor Lieb'
Zu Gott und Menschenkindern;
Dem Herrn dein ganzes Herze gib,
Für Ihn den armen Sündern.

Dann wirst du sein so himmlisch mild
In deinem ganzen Handeln,
Daß Alle gern nach deinem Bild
Den Weg der Tugend wandeln.

Wie Feuerpfeile werden dann
Der Wahrheit deine Worte
Im Menschenherzen brechen Bahn,
Und öffnen Thür und Pforte.

Und gerne werden dir sich nah'n,
Willst Sacramente spenden
Die Sünder, Leben zu empfah'n
Aus deinen Priesterhänden.

O selig Loos, o hoher Ruf,
Mit Christus Heiland werden,
Mit Ihm erlösen, was Er schuf,
Sein Priester sein auf Erden!

Doch Eins noch, wenn du am Altar
Dem Herrn das Opfer reichest,
Als Opfer bring' dich selber dar,
Daß ganz du Ihm nur gleichest.

O Priester, du sollst Christus sein
Auf allen deinen Wegen,
Dann wird dein heilig Werk gedeih'n
Im reichsten Gnadensegen.

An die Schönste.

Heil'ge Jungfrau, Lilie, Rose,
Ceder auf dem Libanon,
Stern im Meere, Lebensbronn,
Mond in Nächten, Morgenröthe,
Auserwählte Gnadensonn'!

Nichts kommt deiner Lilienweiße,
Deiner Schönheit, Höhe gleich;
Stern und Sonne strahlenreich,
Mond und Frühroth sind dein Bildniß,
Königin im Himmelreich!

Auf der dornbesä'ten Erde
Einz'ge Lilie, himmlisch rein,
Bracht'st durch deinen Zauberschein
Du der Menschheit Licht und Leben,
Ein erneut edenisch Sein.

Gleich dem zarten Alpenröschen
Einz'ge Rose dornenlos,
Hauchst aus Petri Felsenschooß
Hirt und Herde du dein Salböl,
Schaffst ein wahres Christenloos.

Breitest, eine schatt'ge Ceder,
Schützend deinen Mantel aus,
Und im wüsten Sturmgebraus
Steigt aus deinen Zweigen Weihrauch
Sühnend auf in Gottes Haus.

Leitest auf der Fahrt des Lebens,
Stern des Meeres, Gnadenhort,
Unser Schiff durch Stürme fort,
Zu dem fernen, sel'gen Eiland,
Zum ersehnten Friedensport.

Wie dunkle Fluth des Hafens
Süß bestrahlt des Mondes Licht,
Lacht, wenn unser Auge bricht,
In der düstern Todesstunde
Uns dein himmlisch Angesicht.

Winkst dann, lichte Morgenröthe,
Nach des Lebens grauer Nacht,
Wenn die Seel' vom Traum erwacht,
Winkst dann zu dem Tag der Freude,
Zu dem Tag, der ewig lacht.

Und geschmückt im Sonnenkleide
Seh' ich dich am höchsten Thron
Bei dem Vater, Geist und Sohn,
Sing' dir und der heil'gen Dreiheit
Ewig Preis im Jubelton.

Auf dem Ocean während eines Sturmes.

Ich steh' am Bord, und seh' in das Meer
hinaus:
Graus heult der Sturm, wild ist der Wogen
Gebraus!
Zum Himmel auf und wieder zur Tiefe steigen
Die Wasser — ha! ein entsetzlich wilder
Reigen! —

O, wunderbar sind des Meeres Wallungen
Und wunderbar ist des Meeres Gott in den
Höh'n!
Nur die im Schiff die wilden Wasser durch=
fuhren,
Nur die die Wunder der göttlichen Macht er=
fuhren! —

O jetzt, Maria, nachdem ich den Sturm ge=
seh'n,
Warum man ein Meer dich nennt, ich kann's
versteh'n:

Weil nichts so majestätisch, so groß, so
hehr ist,
Als wenn vom Sturm gepeitscht das gewalt'ge
Meer ist! —

———

Ohne Maria.

Ich hab' mich zitternd oft gefragt:
Was wär' die Welt ohne Maria? —
Ein düster Grab, drin's nimmer tagt,
Das wär' die Welt ohne Maria! —

Ich habe zitternd oft gedacht:
Was wär' die Welt ohne Maria? —
Kein Heiland hätt' uns Heil gebracht
In diese Welt ohne Maria! —

Ich zitternd fragt' die Weltgeschicht':
Gibt's Jungfrau'n nicht außer Maria? —
Wohl Jungfrau'n gibt's, doch Jungfrau'n nicht
Würdig genug, außer Maria! —

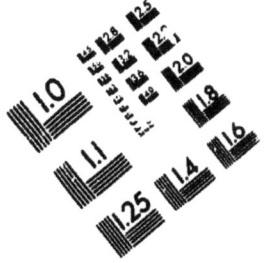

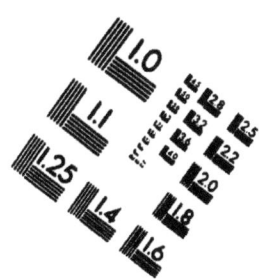

IMAGE EVALUATION
TEST TARGET (MT-3)

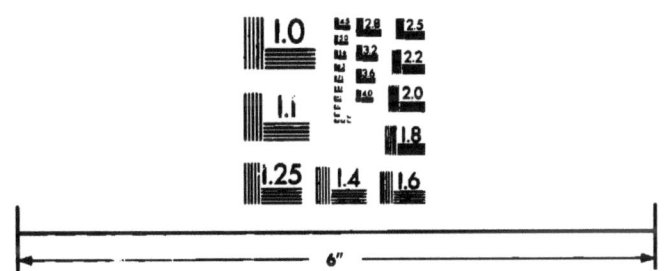

6"

Photographic
Sciences
Corporation

23 WEST MAIN STREET
WEBSTER, N.Y. 14580
(716) 872-4503

Ich zitternd sag's, von all den Frau'n,
Die fromm gelebt außer Maria,
War keine würdig, Gott zu schau'n
In ihrem Schooß, außer Maria! —

Drum zittr' ich, weil ich muß erseh'n,
Daß für die Welt ohne Maria
Es um den Himmel wär' gescheh'n,
Nur Hölle wär' ohne Maria! —

O Menschen denkt und zittert doch:
Das, was die Welt ohne Maria,
Das ist und bleibet immer noch
Ein jeder Mensch ohne Maria! —

Böse Zeiten.

Warum so viel gelärmt, geklagt,
Ob böser, böser Zeiten?
Ist's schlechter, als da Michael
Mußt' mit der Hölle streiten? —

Ist's schlechter, als da Kain erschlug
Im Feld den frommen Abel?
Ist's schlechter unser Maurerthum
Als bei dem Thurm von Babel?

Ist's schlechter, als da frevelnd Cham
Aufdeckte Noa's Blöße?
Ist's schlechter, als da Absalon
Strebt' nach des Vaters Größe?

Ist's schlechter, als da blutig färbt'
Herodes Bethl'hems Fluren?
Ist's schlechter, als da Jud und Heid'
Tod ihrem Heiland schwuren?

Ist's schlechter — daß ich Alles sag'! —
Als da von wilden Horden,
Der Gottmensch ließ sich geißeln und
Am blut'gen Kreuze morden? —

Warum denn jetzt so viel geklagt
Ob böser, böser Zeiten? —
Es mußt' das Gute immer ja
Noch mit dem Bösen streiten! —

Nur nach dem Kampfe kommt der Sieg,
Und dieser Sieg wird kommen,
Wo nur das Gute mehr regiert,
Ein Reich nur ist der Frommen.

Denn nimmer kann in Dissonanz
Die Schöpfung untergehen:
Ein Phönix aus dem Schutt der Welt
Wird's Paradies erstehen!

Tu es Petrus.

Du bist Petrus, bist der Fels im Meere;
Ob sich auch die Wogen brausend thürmen,
Die auf dir gebaut, die Burg, die hehre,
Nie des Abgrunds Geister sie erstürmen.

Du bist Petrus, wandelst auf den Wogen;
Scheinst du gleich im wilden Sturm zu sinken,
Nie wirst in der. Abgrund du gezogen,
Sieh' die Hand des Herrn dir rettend winken!

Du bist Petrus, steuerst Christi Barke,
Drin Er selbst; drum laß' die Wetter wüthen;
Schläft Er auch, Er ist ja doch der starke
Herr der Wasser, und wird dich behüten.

Du bist Petrus, Gottes Hirt auf Erden;
Mit dem Schäferstab, von Gott geweihet,
Führst du durch die Wölfe seine Heerden,
Ob die Höll' in grimmer Wuth auch schreiet.

Du bist Petrus, achtzehn hundert Jahre
Hast du schon getrotzt dem Sturm der Hölle;
Alle deine Feinde trug die Bahre,
Du nur weichest nicht von deiner Stelle.

Du bist Petrus, wenn auch alle Mächte
Dieser Welt sich gegen dich verschwören;
Dich vertheidigt Gottes eig'ne Rechte;
Keine Macht wird deinen Thron zerstören.

Du bist Petrus, stirbst du gleich am Kreuze
Dennoch wird dein Reich nicht untergehen;
— Daß sich drob' die Hölle nimmer spreize! —
Wirst, ein andrer Christus, auferstehen!

Du bist Petrus, wirst das Scepter führen,
Wenn schon deine Feinde längst vermodert,
Wirst von Pol zu Pol die Welt regieren,
Bis das Feuer des Gerichtes lodert! —

Seufzer eines Priesters.

Ach, hätt' ich eine Seele nur
Durch Schweiß und Müh' für Gott gerettet,
Dann wär' als wie auf Edens Flur
Mein Herz in Ruh' und Trost gebettet!

Dann wüßt' ich, daß für den Gewinn
Der Herr verzieh' mir meine Sünden,
Dächt' wohl der Worte: „Wo ich bin,
Soll auch mein Knecht ein Plätzchen finden."

Doch ach, nun bin ich nicht gewiß;
Wenn mir zu Füßen manche Seele
Vor Reu' auch Herz und Brust zerriß
Ob ihrer lang verhehlten Fehle.

Denn wohl ein manches Mütterlein,
Das in der Kirche lag und flehte,
Des Himmels Licht und Gnadenschein
Für sie herabzog im Gebete.

Und ich war nur in Gottes Hand
Ein Instrument, das Er gebrauchte,
Weil Er mich just am Wege fand,
Zum Werke, wozu Mancher taugte.

Und denk' ich, was ich konnte thun,
Wie manchen Schritt ich unterlassen,
Um laß im Sorgenstuhl zu ruh'n,
Dann fühl ich's jach mein Herz erfassen.

Und ach! und ach! das müß'ge Wort!
Und erst die vielen, vielen Sünden!
Das drückt und ängstigt immerfort,
Und läßt die Seel' nicht Ruhe finden.

So sicher ist's, daß man nicht weiß,
Ob man verdient Haß oder Lieben,
Wenn auch in Sorg' und Müh' und Schweiß
Den Lebensnerv man aufgerieben.

O. gib mir, Herr, ich fleh' Dich an,
Nur eine, eine Seel' zu retten;
Dann hab' mein Tagwerk ich gethan,
Dann will ich gern in Ruh' mich betten.

Und müßt' ich drob' mein Leben auch,
Mein ganzes Blut zum Opfer bringen;
Wie wollt' ich noch beim letzten Hauch
Ein siegreich Alleluja singen!

Die Jungfrau mit dem Kind.

Wie würdet ihr nicht eilig zum Schäfer=
stalle geh'n,
Wär' noch das Jesukindlein, die Jungfrau
noch zu sehn!

Ich seh's, wie ihr herzinnig der armen Jung=
frau hold,
Dem armen Kindlein brächtet der reinsten Liebe
Sold!

O, liebe Brüder, kommet, die Freude wird
euch gleich;
Die Jungfrau mit dem Kinde, kommt nur,
ich zeig sie euch!

Noch ist sie nicht gestorben, sie lebt noch immerfort,
Sie lebt in mancher Jungfrau an still verborg'nem Ort.

Wo euer Aug' einst Waise bei frommen Schwe-
stern sah,
„Gott macht die Unfruchtbare zur freud'gen
Mutter da."

Da seht ihr in der Schwester das Bild der
Himmelsmagd,
Und in der Waise Jesus, der's euch ja selber
sagt:

„Denn was ihr diesen Kleinen mit guter Seele
thut,
Es ist, o wollt Mir's glauben, wie Mir gethan, so gut."

Drum bringt doch für die Kleinen ein Opfer
zum Altar;
Ihr bringt's der heil'gen Jungfrau, dem Jesukindlein dar.

Ihr könnt Herodes' Händen entreißen, Tod
und Sünd',
Das liebe Jesukindlein in manchem Waisen=
kind.

„O, laßt sie zu Mir kommen, und wehret
ihnen nicht;
Denn ihre Engel sehen des Vaters Ange=
sicht." —

Wer nur ein Kindlein rettet, kann sterben
wohl in Ruh';
„Gott deckt die Menge Sünden für solche
Liebe zu."

O, liebe Brüder, helfet, wo Waisenkinder sind;
Ihr helfet da der Jungfrau mit ihrem lieben
Kind!

O sei recht gut den Armen.

O sei recht gut den Armen,
Als wär' es Jesu Christ;
Denn ach, die meisten leiden,
Was nicht verschuldet ist.

Du weilst in warmem Zimmer,
Und draußen heult der Wind;
Ach in dem Frost erstarret
Wohl manches arme Kind.

Du setzest dich zu Tische,
Hast Fleisch und Weizenbrod;
Ach, tausend arme Kinder
Die leiden bittre Noth.

Du bist so warm gekleidet,
Hast Hemd und Rock und Schuh;
Ach, Mancher deckt mit Fetzen
Kaum seine Blößen zu.

Du legeſt dich zu ſchlafen
Auf warmem, weichem Bett;
Ach, wie viel' Arme haben
Nicht Haus, nicht Lagerſtätt'!

O, danke Gott für Alles,
Was Er dir hat beſcheert,
Und zeig' dich ſeiner Güte
Durch deine Güte werth.

Gib, was du kannſt, zu ſteuern
Der Noth ſo harter Zeit,
Ein Stücken Brod, ein Lager,
Ein Feu'r, ein warmes Kleid.

O ſei nicht hart den Armen!
Er leidet ſo genug;
Erweit're nicht die Wunde,
Die ihm das Schickſal ſchlug.

Nein, nah' ihm immer freundlich,
Und niemals ſchick' ihn fort,
Bevor du ihn getröſtet
Mit einem guten Wort.

Vielleicht ein mancher Armer,
Wär' werth der Königskron';
War denn der ärmste Jesus
Nicht auch ein Königssohn?

O denk' der lieben Fraue,
Die keine Herberg' hatt';
Denk' an das Jesukindlein
Auf kalter Lagerstatt.

Dein Heiland hat's verheißen
— O denke, denk' daran —
„Was ihr den Armen thuet,
Das habt ihr Mir gethan!"

Und wird dir nicht gedanket,
Denk', daß der oben thront,
Der auch das Gläschen Wasser
Mit Himmelslohn belohnt.

O sei recht gut den Armen,
Als wär' es Jesu Christ;
O denk', daß dir der Himmel
Dafür verheißen ist! —

An Amerika.

(Beim scheidenden Jahre 1864.)

Ein Schreckens=Jahr, der Drilling wilder
                Brüder,
Vollendet eben seinen blut'gen Lauf.
O sieh', zerfleischt sind alle seine Glieder!
So nimmt das Grab der Ewigkeit es auf. —

Ein blutig Jahr! mit wilder Geisel rannte
Das Ungethüm des Krieg's durch's Erden=
                rund,
Und peitscht die Völker, die's mit Haß ent=
                brannte,
Ein grimm'ger Henker, blutig, blutig, wund.

Doch wilder nicht hat je die Kriegesflamme
Geloht, gerast, zerstört in Menschenwald,
Kein Wolf den Zahn so eingekeilt dem Lamme,
Kein Pesthauch so verheert mit Allgewalt;

Als hier das Thier, der Krieg; aus tausend
     Rachen
Spie er auf's Land sein tödtend Feuer aus,
Und überschwemmt's mit rothen Bluteslachen,
Aushauchend Schrecken, Angst, Entsetzen, Graus.

Nein, Leipzig's blutgetränktes Blachfeld nim=
     mer,
Der Beresina rothgefärbte Fluth
Nicht hört' so vieler Sterbenden Gewimmer,
Nicht sah so vieles dampfend Menschenblut.

Ein Vorspiel möcht' es schier dem Seher
     dünken
Des großen Drama's am Vergeltungstag,
Wo Welten flammend in den Abgrund sinken,
Nach des Gerichtes großem Donnerschlag.

O, warum all dies Morden, dies Vernich-
    ten? —
Man schreit; es sei zum Heil der Mensch-
    lichkeit!
Die Sclavenkett' des schwarzen Mann's zu
    lichten,
Dem Tod man Millionen Weiße weiht? —

O glaubt es nicht! vergebens wär' geflossen
Das Meer von Blut auf dieser weiten Flur;
Ein Wolkenbruch, so wild auf's Land ge-
    gossen,
Kann fruchten nicht, zerstören kann er nur!

O glaubt es nicht! verhängt ist diesem Volke
Das schwarze Loos von höh'rer Allgewalt,
Die blitzend in der düstern Pulverwolke
Bereits das „Mane" „Thekel" hat gemalt.

Gott selber hat die Hölle losgelassen,
Die wilden Bestien' all im Höllenschlund,
Daß dieses Volk es lern', die Höll' zu hassen,
Schließ' mit dem Himmel einen ew'gen Bund.

O möcht' Amerika die Schuld beweinen,
Dem Himmel sich mit ganzen Kräften weih'n;
Dann würd' das letzte „Phares“ nicht er=
                scheinen,
Kein Daniel ich dem großen Volke sein!

O möcht', wie Sturm und Wind die Tenne
                fegen,
Wegspülen dieser Sturm den wilden Wust,
Der kehrt in Drachengift des Landes Segen,
Sein Sternenkleid mit Höllenruß berußt!

O möchte bei der Sündfluth dieser Zeiten
Das Staatenschiff als sichre Arche leicht
Durch all' die wilden Wogenstürme gleiten,
Bis Iris Bogen sich am Himmel zeigt!

O möcht' nach diesen grimmen Mutter=
                schmerzen,
Die nahe dich gebracht dem finstern Grab,
Amerika, dir ruh'n als Kind am Herzen
Der Friede, dieser holde Himmelsknab'!

O möcht' nach diesen wilden Zeitenstürmen,
Die manchem Stammbaum seinen Glanz ge=
raubt,
Ein Wald von Stämmen sich gen Himmel
thürmen,
Mit ewig frischem Frühlingslaub belaubt!

O möcht' nach dieser Nacht voll Angst und
Grauen
Ein leuchtend Morgenroth aufdämmern dir,
Aus diesen schwarzen Kriegeswolken schauen
In vollem Glanz des Glückes Sonnenzier!

O möcht' nach diesem wilden, ungeheuern
Blutbad, nach dieser blut'gen Passion
Dein Volk den Auferstehungsmorgen feiern
Als ein verklärter, ew'ger Gottessohn!

O möcht', Amerika, dein Herz es fassen
An diesem Tag, was dir zum Heil ge=
reicht,

Daß nicht mit Augen, ach, mit thränen-
        naſſen,
Dein Heiland, wie von Sion, von dir weicht!

Amerika, du Land der Nationen,
Die ſich vereint in dir zu einem Stamm,
Der Kirche Bild, drin alle Völker wohnen,
Verein' ſie all im Kreuz und Gotteslamm! —

Sinngedichte

und

alte Sprüche in neuer Form.

An alle Dichter.

Adelt die Menschheit ein Herz voll mensch=
lich zarter Gefühle,
Adelt fühlender Brust herzliches Liedchen
gewiß.
Schändet den freien Geist tyrannischer Leiden=
schaft Fessel,
Schändet die Leidenschaft auch, welche die
Laute beherrscht.

————

An Dr. H. den Philologen.

Willst ein treffendes Bild der alten, der
            heiligen Roma?
Sieh' in den eigenen Geist, hast du das treff=
            lichste Bild:
Von Monumenten voll der fruchtbaren Welt=
            überwinder,
Birgt er schöneren Schmuck, christlichen Glau=
            bens Gebäud'.

Recipe!

Gegen alle Schmerzen falschen Glückes,
Alle Wechselfieber des Geschickes,
Eine wahre Wunderpille
Ist — der Wille.

Einem Unzufriedenen.

Der Mond hat seine Flecken,
Die Sonne sticht:
Verlange von der Erde
Den Himmel nicht.

Trostspruch.

Wenn alle Pflanzen Rosen wären,
Wo blieben dann die gold'nen Aehren? —

Macht der Thräne.

Wie zart die Thrän', das stärkste Element
Ist stärker nicht; wenn's flammend brennt,
Ein Wasserstrom nur löscht das Haus,
Und eine Thräne löscht die Hölle aus.

Warnung.

Die Ehr' ist, Freund, ein Weib, nimm dich
in Acht!
Wer um sie buhlt, der wird verlacht,
Und wer nicht schmachtend hängt an ihren
Zügen,
Dem möcht' sie hold im Arme liegen.

Aus dem Griechischen.

Des Himmels Liebling, früh muß er er-
blassen;
Denn sterben nicht, nur häßlich sterben ist zu
hassen.

An die Vernunftmenschen.

Ihr wollt nicht glauben; Glauben nennt ihr
Nacht;
Es sollen Fackeln der Vernunft euch leiten.
Gut, ich will Fackeln nicht, die Pechgeruch
verbreiten;
Gar lieblich leuchtet mir der Sterne Pracht
In dieser schönen Nacht.

Ermuthigung.

Laß hallen nur dein Lied, und stimmt auch
Keiner ein,
Schmückt auch des Ruhm's Lorbeer nicht deinen
Scheitel;
Die Nachtigall singt auch allein,
Und ist auf Federschmuck nicht eitel.

Dyſtychon.

Fürchteſt den Tod du, mein Sohn, ſo ſorge
für ewiges Leben;
Iſt dir das Leben verhaßt, ſorge für ſeligen
Tod.

Blumenloos.

Ich ſah ein Blümlein üppig ſprießen
Im ſanften Morgenſonnenlicht;
Am Abend ging ich's zu begrüßen,
Ich fand den Schmuck vor meinen Füßen,
Das Blümlein ſelber fand ich nicht.

Aus dem Lateinischen.

Würdest weinen, wenn Du wüßtest,
Daß du morgen sterben müßtest — — —
Und du lachst, da doch vielleicht
Heut' der Tod dich schon erreicht.

Langes Kreuz.

Langer Winter gibt dem Frühling hölzern
                    Reiz;
Glück und Freude wird erhöht durch langes
                    Kreuz.

Wahre Ehre.

Vom Lorbeer sagt 'ne alte Mähr',
Daß nimmer ihn ein Blitzstrahl trifft;
Ein Sinnbild ist's, daß wahre Ehr'
Zerstört nicht der Verläumdung Gift.

––––––––

Lebensbild.

Du sollst dem mächt'gem Sturmwind gleichen,
Vor welchem Staub und Wolken weichen;
Dann wird die Erd' dir immer rein,
Und heiter dir der Himmel sein.

––––––––

Talent.

Was nutzt der Schatz im Bergesschacht,
Wenn er nicht wird an's Licht gebracht?

Urtheil.

Richt' nicht nach dem Schein,
Sondern nach dem Kern;
Denn gar winzig klein
Scheint der größte Stern.

Trost im Leiden.

Warum, mein Herz, so sehr verzagt
Ob Schmerz von kurzer Dauer?
Hat je der Grashalm sich beklagt
Nach einer Regenschauer?

Quellenstudium.

Willst du Wasser haben ungetrübt und helle,
Trink' nicht aus dem Eimer, sondern aus der
Quelle.

.

Herzenskämmerlein.

Stürmt's auch von allen Seiten auf dich ein,
Verschließ' dich in dein Herzenskämmerlein;
Dann ist dir, wie dem Wandrer, wohl zu
Muth,
Der bei dem Sturm in stiller Herberg ruht.

Humanität.

Ohn' allen Glauben reine Menschlichkeit
Verspricht die aufgeklärte Zeit;
Das heißt, die aufgeklärte Zeit verspricht
Die Erde ohne Sonnenlicht.

Sturm.

Hast Du dich in den Sturm gewagt,
Nur nicht über den Sturm geklagt,
Daß im Sturm er dich weiter tragt.

Menschenherz.

Das Menschenherz, es ist so klein.
Der kleinste Käfig schlöß es ein;
Und doch schöbst du die Welt hinein,
Es würde nicht gesättigt sein.

Kleine Größen.

Im Dunkeln
Da funkeln
Die kleinsten Karbunkeln.

Lichtpunkt.

Die ganze Welt ist eine große Makel,
Der einz'ge heile Fleck der Tabernakel.

Inhalt.

Sangesweisen:

Kleinere Gedichte:

Legenden und Romanzen:

Da der Verfasser wegen zu großer Entfernung vom Druckorte die Correktur nicht selbst vornehmen konnte, so ersucht er die Leser, folgende Druckfehler zu verbessern:

Seite 7, Vers 3, statt drinn—lies drin.
S. 15, V. 10   ditto.
S. 21, V. 9 st. kann—lies ganz.
S. 21, V. 10 st. heil'gen—lies Heil'gen.
S. 25, V. 12 st. im dunkeln—l. in dunkeln.
S. 38, V. 4 st. erwacht—l. erwach'.
S. 43, V. 9 st. der Rosenstrauch—l. den R
S. 48, V. 1 st. hat in der—l. hat früh in der
S. 48, V. 9 st. fühl' in—l. fühl' ich in.
S. 64, V. 3 st. liebe—l. Liebe.
S. 68, V. 10 st. Geistesblick—l. Geistes Blick.
S. 86, V. 15 st. Machtwert—l. Machwerk.
S. 93, V. 5 st. Ich dein Engel—l. Ich bin d. E
S. 94, V. 4 st. vor ihm—l. von ihm.
S. 102, V. 15 st. Jesu—l. Jesus.
S. 120, V. 5 st. Weltgepränge—l. Welt Gepräng .
S. 121, V. 5 st. ihr—l. ihm.
S. 130, V. 17 st. Paphentius—l. Paphnutius.
S. 131, V. 17   ditto.
S. 133, V. 15   ditto.
S. 162, V. 13 st. wart—l. wart.
S. 182, V. 16 st. wie dunkle—l. wie die dunkle.
S. 197, V. 11 st. Stücken—l. Stückchen.
S. 199, V. 5 st. Geisel—l. Geißel.
S. 208, V. 3 st. fruchtbaren—l. furchtbaren.